U0590639

多元共生

现时代中国外交与国际关系

任　晓◎著

ZHEJIANG UNIVERSITY PRESS
浙江大学出版社

图书在版编目（CIP）数据

多元共生：现时代中国外交与国际关系／任晓著
. —杭州：浙江大学出版社，2019.9
ISBN 978-7-308-19410-5

Ⅰ.①多… Ⅱ.①任… Ⅲ.①外交－研究－中国－现代 Ⅳ.①D82

中国版本图书馆 CIP 数据核字（2019）第 193657 号

多元共生：现时代中国外交与国际关系
任　晓　著

责任编辑　祁　潇
责任校对　吴水燕
封面设计　周　灵
出版发行　浙江大学出版社
　　　　　（杭州市天目山路 148 号　邮政编码 310007）
　　　　　（网址：http://www.zjupress.com）
排　　版　浙江时代出版服务有限公司
印　　刷　浙江省良渚印刷厂
开　　本　787mm×1092mm　1/32
印　　张　10.25
字　　数　197 千
版 印 次　2019 年 9 月第 1 版　2019 年 9 月第 1 次印刷
书　　号　ISBN 978-7-308-19410-5
定　　价　39.00 元

作者简介

任晓，现任复旦大学国际问题研究院教授、中国外交研究中心主任。曾任上海国际问题研究所美国研究室主任、亚太研究室主任，2010 年 2 月至 2012 年 2 月任中华人民共和国驻日本国大使馆政治处一等秘书。1990 年至 1991 年在英国埃塞克斯大学留学，曾为欧盟博士后研究人员、日本名古屋大学客座研究员及美国乔治·华盛顿大学访问学者。目前他还担任外交学院兼职教授、上海市改革创新与发展战略研究会高级研究员等，并任六家国际学术期刊（包括 *Globalizations*，*East Asia：An International Quarterly*，*East Asian Policy* 和 *Journal of Global Policy and Governance* 等）的编委。已发表中英文论著多种。

E-mail：renxiao2006@fudan.edu.cn。

序

　　这是我的第二部学术随笔集。第一部集子由复旦大学出版社出版于 2013 年，名《世界与中国札记》，本书是它的姊妹篇。书中各篇均为近几年间所作，曾先后在一些刊物和报纸上发表，大致都是对世界上一些问题的看法和分析。我一向厌恶某些文章的空话大话，因此自己也努力不讲空话大话，凡写文章力争言之有物。现在把它们编为一书，敝帚自珍，若读者翻阅之后，能增广一二点理解，则于愿足矣。承蒙浙江大学出版社不弃，愿意出版这本书，这是要特别表示谢意的。

任　晓

2019 年 1 月

目　录

全球治理：中国与世界

以共生思考世界秩序……………………………………… 3

多元世界的共生之道 ……………………………… 11

新兴经济体塑造全球治理新图景 ………………… 21

中国和 G20：从参与者到引领者……………… 27

从香格里拉对话会看中国公共外交话语的改进 … 42

2030：一个更为平衡、共同发展的世界 …………… 51

周边外交：中国与周边国家

"一带一路"建设的展开 ………………………… 71

"一带一路"与国际公共产品的提供 ………… 82

三大峰会与中国外交新取向 ………………… 87

发展周边制度依托 ………………………… 96

"10＋1"的再出发 ………………………… 100

南海之难…………………………………… 105

周边外交的新亮色 ················ 120

做可亲的大国 ················ 124

趋近北邻　睦邻安邻 ················ 131

在热烈与冷静之间 ················ 133

大国关系：中国与美日

特朗普政府《美国国家安全战略》报告分析 ········ 139

简议美国"战略再平衡" ················ 150

行稳致远 经略亚太 ················ 154

第六轮中美战略与经济对话 ················ 158

中美能够避免迎头相撞 ················ 161

日本的集团主义与"责任缺失"

　　——战后 70 周年之际的思考 ······ 166

暧昧日本的暧昧态度 ················ 176

日本需要走出"8·15" ················ 178

走向中等大国的日本 ················ 182

日本既非天使也非魔鬼 ················ 190

析日本解禁集体自卫权 ················ 194

靖国神社的重负 ················ 198

近观远眺：中西新思索

大师的工作坊

　　——纪念埃莉诺·奥斯特罗姆教授 ········· 205

乌普萨拉之子 ················ 215

麦迪逊咖啡馆谈学 …………………………… 228

"汤冠费戴"

　　——也谈"冲击—反应取向" ……………… 232

也说《万历十五年》 ……………………… 236

超越"耻辱" …………………………… 238

美英短长论 ……………………… 245

"第五种权力"

　　——决策背后的那些智库 ……………… 250

美国智库的另一面 ……………………… 261

止于所不可不止

　　——中国与流产的第二次亚非会议 ……… 268

台北访书拾遗 ……………………… 279

与美联航打交道的经历 ……………… 284

主流国际政治研究应注重国际法

　　——熊玠先生访谈录 ……………… 288

全球化的力量会改变世界体系的结构本质

　　——巴里·吉尔斯访谈录 ……………… 304

全球治理：中国与世界

以共生思考世界秩序

我们眼观当今世界，举目可见乱象纷呈，不一而足。"伊斯兰国"极端势力在西亚兴风作浪，埃博拉疫情在非洲肆虐。早前，马航 MH370 航班尚不知所踪，MH17 又遭击落，众多无辜平民丧生。俄罗斯大胆"回收"克里米亚，西方各国施加一波波制裁。国际市场上，油价跌跌不休，引发世人诸多"阴谋"联想……

大国总是吸引世人更多的目光，尤其是当今唯一超级大国美国。多少年来，美国以拯救者自居，自奉领导世界，舍我其谁?! 于是，世界上无处没有美国的存在。然而，美国在世界上固然有其成功之处，但失败之处也比比皆是。即以中东而论，美国投入巨大资源苦心经营多年，中东却还是今天的一副乱象。这一现象跟研究界也有关。数年前美国出版了一本书，名《沙滩上的象牙塔》，副题即为"美国中东研究的失败"。经过了这么多年，发表了无数的出版物，可对中东还是没有能够把握住。之所以出现这一情况，一定是什么地方出了问题。"阿拉伯之春"发生后，美国兴高采烈者颇不乏人，这名称大约也是美国人起的，果然"多米诺骨牌"一块块倒下，西式选举政治的一套相继登场，"民主化"之春风似乎吹拂甚至吹遍中东北非。可结果又怎样呢？除突尼斯稍好外，埃及的穆巴拉克原是美国在该地区的多年盟友，穆巴拉克被赶下台后，"穆斯林兄弟会"支持的穆尔西经由选举上台执政。穆尔西执政的一年间，埃及政局动荡不安，物价愈益上涨，民生更加凋敝，最后不得不由军人走到前台来收拾局面。由此，美国是得分了，抑或失分了？华盛顿的政策制定者们内心又做何感想？ 在利比亚，被美国多年视为眼中钉的强人卡扎菲被赶下了台，原本或许是好事，然而此后的利比亚，政府权威不彰，东、西、南部地区各自为政，纷争不止，以致美国驻利比亚大使史蒂文斯竟也命丧乱局之中，利比亚走到了失败国家的边缘。接下来是叙利亚，乍一看同样是风起云涌，执政的巴沙尔·阿萨德似乎风雨飘摇，奥巴马发出"巴沙尔必须下台"的豪言，美向"叙利亚自由军"等反对派武装大力提供政治支持和军事援助。不料事与愿违，巴沙尔没有倒台，反美反西方的极端势力却突然坐大，号称"伊斯兰国"，在叙利亚和伊拉克攻城略地，一时所向披靡，巴格达震动，华盛顿惊醒。美国当政者再尝伊拉克战争的苦果，面对前任留下的一个烂摊子，进退两难，向亚太"再平衡"的力度也不得不减缓。美国国内，党派斗争导致制度性的政治困局未解，种族矛盾又凸显出来。密苏里州大陪审团裁决对枪杀黑人青年布朗的白人警察威尔逊不予起诉，引发全美各地的抗议示威浪潮，加上纽约白人警察扼死黑人案,黑人"报复"警察案,种族矛盾再次撩动全美各地的人们敏感的神经……

凡此种种,显示以西式思维看待和处理自身和世界事务已然捉襟见肘,难以为继。以为用选举的办法可以解决一切问题,"民主化"是解决所有问题的万应灵药,实在贻误世界不浅。历史终结于西方式的"自由民主"了吗?非也!面对世界各地如此纷繁复杂的实际,各国如此多样的历史、社会和文化条件,相信或试图用一个简单的公式加以套用,以为自己的模式放之四海而皆准,实在是简单化到了极点,也天真到了极点。在诸多情况下,这种做法反而是走到了良好愿望的反面。美国驻利比亚大使在乱局中丧生就是最活生生的例子,难怪这使时任国务卿希拉里·克林顿痛心疾首,失态地在国会作证时捶胸顿足……

事实告诉我们,思考当今世界的问题必须超越西式或美式思维,另辟蹊径,另寻出路。博大的中国思想文化有可能为之提供建设性的选择方案,共生就是这样一种思维或思想。

作为事物间的一种状态,共生是不同事物在共存中相生相成、共同生长的良性状态,其要义不仅是互不覆盖,互不否定,共存共处,而且超越之而及同生共长,相互促进。它是生命力的来源,是事物生长发展之本。因此之故,共生的缘由,并不停留在"一花独放不是春"的表层(一种防御性的姿态),而在于从本体上认识事物生长的规律。因为,只有在多样和多元共存的状态中,事物才可能具有生机,才有可能不断地生长发展。反之,如果归于"一",定于"一",那就失去了生长发育的生命力,发展的生机就停止了。因此之故,共生是本,共生也是源,共生意味着事物发展的生机和活力。

共生哲学是关于事物共生的哲学理论,以"共生关系"为其本体思想。共生关系对"主体—客体"二分式关系论是一种超越。毋庸讳言,世上存在着某种极端的主体性思维,将其他一切甚至他人都当作客体,其结果只能使人从根本上丧失主体性。而共生关系具有三个方面的特征,即内生性、交互性和共生性。[①] 基于共生关系而确立的秩序可称为"共生秩序"。

共生秩序是"和"的秩序。"和"是不同事物之间的调和、统一。它不是相同或相等,而是不同事物之间相生相成而达致的一种和谐状态。先秦时期晏子曾以做"羹"来比拟之,是一种形象而贴切的描述。

以共生看待建设性世界秩序的构建,我们可以得出如下看法。

首先,西方理想中的秩序是西方思想、制度一统天下的秩序。在被倡导的这种秩序下,西方的思想制度被奉为最佳和唯一,被认为放之四海而皆准。与此同时,别的地区或国家,无论何方,均应服膺西方的思想、学说和制度模式。

---

① 胡守钧,王世进,李友钟:"共生哲学论纲",见任晓编:《共生——上海学派的兴起》,上海:上海译文出版社,2015年。

与此相比,共生的秩序是并行不悖的秩序,并不排斥不同质的事物,而相信和讲求各美其美,各安其分,相偕生长。因而,共生的秩序是相生相成的秩序。

在共生秩序中,不存在某种最佳的思想或制度,一切要依当时当地的条件而定。一种良好的共生秩序通常是内生的秩序,这种秩序是内在地生长起来的,而非从外部生硬套入的。在这一问题上,哈耶克的"自生自发的秩序"说具有深刻的思想内涵和启发意义。这一思想的要点是,任何一种秩序的形成,都有其内在的理路,从而形成社会运作的或隐或显的规则。一种与环境相调适的秩序,不可能通过集中指挥的方式得到建构。这种秩序只能产生于各社会要素之间的相互调适,以及它们对那些直接作用于它们的事件的回应过程。"立法者的任务并不是建立某种特定的秩序,而只是创造一些条件,在这些条件下,一个有序的安排得以自生自发地型构起来并得以不断地重构。"①这一原理也适用于"国家之社会"(society of the states)。在一个"国家的社会"中,恰好不存在任何最高的权威,但却存在着有形无形的"立法者",其秩序生长之理亦如前述。进而言之,这种秩序原理对于"国家的社会"而言甚至具有更为重要的意义。由于在这一条件下不存在一个"利维坦",便正需要从一种共生的关系中生长出能够持久的、有韧性的秩序。

---

① 哈耶克:《自由秩序原理》,邓正来译,北京:生活·读书·新知三联书店,1997年,第200—201页。

也就是说，一种良好的秩序，一般不是从外部强加的秩序。"推广（西式）民主"的谬误，就在于它先验地假定存在一种最佳的制度模式，并且可以从外部输入甚至是强行输入，及至迫使对方接受。从以往的这类实践看，失败之例所在多有，产生的结果经常是有西式民主的外壳而无民主的实质。于是，这种外壳或形式本身倒成了目的。根据这一思维，一个政治社会不管时间空间条件如何，无一例外地都应采行西式民主的形式，以至于为形式而形式，导致的结果常常是非驴非马，也就是人们常说的"水土不服"。制度的水土不服，通常的原因是一定的制度与条件不是相互融合的，而是生硬搬用的，处于一种未能接榫的状态，于是左右"为难"，进退失据，不知何以自处。

其次，共生秩序要求在关系中尊重和欣赏对方的文化与社会，懂得和明了其历史。众所周知，如要理解一个国家的今天，必须了解它的昨天，因为"今天"是由"昨天"而来的。"今天"的种种不是从虚无中产生的，而是各有来由的。尤其是历史悠久、文化精深或宗教氛围浓郁的社会或国度，更是如此。但即便是历史不悠久、文化不精深、宗教氛围不浓郁的社会或国度，也各有其组织成为一个社会和国家、保持其秩序的原理或缘由。因而，历史、社会和文化条件是一个"给定"。马克思睿智地指出过，历史是由人创造的，但人们不是无缘无故地创造历史的，而是在一定的条件下创造的。这正是唯物史观区别于其他种种史观而极为深刻之处。

共生的理念也得到历史学家的支持。史家汤因比曾研究了世界历史上 20 多种文明的兴替,在"世界与西方"一文中,他得出了这样的结论:"事实在于,每一个历史文化模式都是一个有机的整体,其中各个部分都是相互依存的。因此,如果其中任何一个部分从原来的框架中被分离出来的话,那么,这一孤立的部分和那残缺不全的整体都会有不同于模式完整时它们各自的表现。"①这段话是值得今人反复玩味的。它提醒人们,在共生秩序下,主体之间有其相处之道,自我与他者之间也有相待之道,各主体有自知和他知,自知须"明",他知须"智"。任何一个社会的正常运作,都有它的内在理路,因而各有其"理"。这并不意味着社会不需改变或不应改变,事实是任何一个社会都有与时俱进的需要。然而,先让社会"休克"然后在一张"白纸"上画图的做法,则绝对触犯大忌,其结果一定是失败,这是已经被历史所证明了的。其实,中国的先哲早就指出过,"治大国若烹小鲜",治理一个国家是不能不戒慎恐惧、谨慎行事的。只有无知者才会"无畏",才会任意翻转一个社会而不自知其中潜藏的危险。

再次,共生思想要求谦逊地对待他者。它拒斥西方式的傲慢和自负,比如有的人宣称"历史已经终结于自由民主(liberal democracy)",有的则宣称市场万能,体现为所谓的

---

① 汤因比:《文明经受着考验》,沈辉等译,顾建光校,杭州:浙江人民出版社,1988 年,第 276 页。("世界与西方"的中译见该书第 225-292 页)

"华盛顿共识"及其私有化、市场化的一套政策主张。更成问题的是那种"我比你更懂得你需要什么"的心理。一个行为主体一旦如是认定，便会以教师爷自居，对方则只有聆听和接受的份，要不然，就利用手中掌握的经济政治资源甚至武力加以推行。这种思维和做法，已经在国际社会造成极严重的后果。因此，必须驱除这种思维，而代之以共生的思维。在这一思维下，遵循共存互益的原理，文化并无高下之分，不同主体之间相互尊重对方的文化或传统，抱持谦逊的态度看待彼此，并在良性交往和相互激荡中生生不息。

管中窥豹，共生观具有重大的理论意义和理论潜力，是中国社会科学理论区别于西方世界秩序理论的一个生长点。社会科学理论固然无须领导人的首肯以证明自己，也无须论证自己具有何种政策意义，一切皆以理论的真理性为依归。不过，习近平主席在一个重要亚洲国家的正式演讲中讲到"实现多元共生、包容共进"①，这可视为来自政策制定界的一个回响，它进一步表明了以共生思考世界秩序具有十分广阔的前景。

（载《国际关系研究》2015 年第 1 期）

---

① 习近平："携手建设中国—东盟命运共同体——在印度尼西亚国会的演讲"，《人民日报》2013 年 10 月 4 日第 1 版。

多元世界的共生之道

习近平总书记在 2016 年 5 月 17 日召开的哲学社会科学座谈会上指出，"只有聆听时代的声音，回应时代的呼唤，认真研究解决重大而紧迫的问题，才能真正把握住时代脉络、找到发展规律，推动理论创新"。这几句话，切中肯綮，指出了问题的所在和社会科学家的努力方向。

当今世界，各种矛盾和问题丛生，贫困、战乱、动荡、杀戮、恐怖袭击，以及和平问题、环境问题、发展问题，英国公投退出欧盟震动世界，造成巨大不确定性，等等，可说是层出不穷，不一而足。这些矛盾和问题似乎如影随形地伴随着人类，挥之不去。尽管加拿大有关机构公布的研究结果表明世界上的冲突比过去有所减少，意味着和平和安定在上升，但人们的感觉却似乎并非如此。

这并不是因为世人放弃了努力。事实上，有各界的人们在不知疲倦地工作着，为了世界的和平与发展而努力着，然而，旧问题解决的速度似乎赶不上新问题产生的速度。我们应该认真反思，世界是否存在一些深层的问题？世人是否应该在更为根本性的问题上转换思维方式？我们常说治标还应治本，那么这个"本"是什么？世界是否应该，以及怎样谋求共生之道？

当我们思考这些问题时，很多时候需要回望世界的基本事实。这事实看似简单，却常有意无意地被人们所遗忘或忽略，导致人们迷失在思维的丛林中。

我们想指出并强调的一个基本事实是，世界的构成是多元和多样的，在自然界和人类社会以及在人类事务的各个领域，无不如此。这一事实，过去是这样，现在是这样，未来还将是这样。

也就是说，世界的基本事实是"多"和多样：多样的文化，多样的宗教，多样的制度，多样的观念，多样的追求，等等。既然事物是多样的，那就意味着存在差异。世界上存在着各种各样的差异，包括文化的、政治的、经济的、宗教的、价值观念的、生活习俗的等等，诸如此类的差异都是客观存在的。于是问题就来了：应如何看待和对待这些差异？换言之，就是以什么态度对待、通过什么途径处理这些差异？这是一个十分关键的问题。

对此，存在着不同的选择。比如有这样两种选择。一种选择是试图用消除差异的办法来解决问题，也即采用将多种有差异的事物同化为"一"的办法，以为消除了差异后，问题便解决了。于是在实践上，常常表现为己之所欲，必施于人，"我的"一套东西是最佳选择，别人都应该接受。当认为他人不"自由"时，就采取行动强迫使之"自由"。又比如认为美式民主是放之四海而皆准的，应在全世界推而广之，等等。另一种选择是视差异为事物之常，同时抱持事物间虽"不同"却可以"和"的态度，己所不欲，不施于人。因而，差异的存在不是必然导致冲突，而是可以经由适当的方式达成相互能够接受的对待或安排。这里的后者属于一种共生之道。

让我们从"共生"说起。共生是指不同事物在共存前提下安然相处并进而相生相长、共同发展的状态。它包含如下三个特性。

（1）主体的多元性，即存在着多种或多样的事物。事物的多样性体现在各个领域，就人类社会而言，举凡制度、观念、价值、偏好，政治、经济、文化、宗教等等，均是如此。多样的事物无法统一为"一"，也不可能统而为"一"。多样性是事物的本然，也是共生问题之所以产生的基本前提。

以价值而论，便是如此。价值是其本身就值得人们向往的东西，它是被个人或社会普遍接受的内在的原则、规范、标准或目标。价值是经由复杂的历史、心理、文化和社会过程积淀而成的。一旦形成，就成为某种既定的、经久的规范或标准指导着、规范着社会的活动与行为。一个社会的价值不是单一的，而是多样的，包括秩序、安全、团结、繁荣、平等、自由、民主等。而在某一个特定时间，人们很可能无法同时获得所有这些价值，于是需要在这些价值之间进行平衡。

（2）主体的平等性。多元的主体包括个人、国家，也包括文化、价值。它们之间是平等的。既然是平等的，就不存在孰高孰低的问题，不是认为此高于彼，或彼高于此，更不是彼此相互否定，而是相互认知对方的存在，以及这种存在的合理性。

（3）主体特定的情境性。各种主体及其建立的制度和行为方式各有其历史社会文化的情境。世界上存在着多种文化和文明、多种制度、多种治理方式，它们各有各的来由，各有各的理路。故而，人们不能脱离具体的情境来谈论它们，来衡量孰优孰劣、孰先孰后。

多元主体的共生之道体现为，各行为体既不同又共生。行为体之间的差异在共生关系中显现出来，差异存于共生之中，转化为矛盾冲突时依然可以共生。但共生有"度"。矛盾冲突一旦激化，则共生状态被打破，给有关行为体带来伤害便可能无法避免。共生既包容差异又不排除矛盾冲突，但共生为避免差异转化为矛盾冲突、防止矛盾冲突激化提供了可能性。共生的过程既是解决矛盾冲突的过程又是孕育、形成新的差异，带来新的矛盾冲突的过程。因此，共生的过程是不断走出矛盾冲突、寻求共同发展的过程，也是协调和共进的过程。能否如此，考验着人类社会寻求和谐共存和创造性共生的能力。

遗憾的是，在当今世界上，存在着种种统于"一"、归于"一"的思维方式，并伴之以具体的行动，由此产生了各种乱象和冲突，或许可通称为反共生之道及其表现。比如，在当今世界上，价值一元论颇为盛行。各种一元论意识形态的一个基本特征,是声称得救的道路只有一条,正确的生活方式只有一个,真正的价值选择只有一种。一元论价值常抱持一种类似于唯我独尊的立场,其他与此不同的思想主张均是旁门左道,甚至是异端邪说,视之为矛盾和冲突之源。而更为极端的想法和做法,则是必欲去之而后快。这种一元论的具体表现包括政治体制要统一为西式民主,发展模式要统一为"华盛顿共识"等。付诸实践后的结果又如何呢? 可以说失败之例所在多有。

世界和平与共同发展,要求必须克服这种"一元论",而中国思想文化可以为此提供重要的思想资源。在博大的中国文化中,存在着十分丰富的事物相生相长的共生思想。

首先,中国思想文化体认差异的普遍存在。"夫物之不齐,物之情也。""不齐"原就是一种事物间的本来面貌,本就没有什么可奇怪的。这就是说,中国思想一向认为差异的存在是事物的本然,是一件极为正常之事,不认为这本身会产生什么问题,或者会成为冲突之源。

其次,中国思想文化认为存在或者可以做到"万物并育而不相害"。万事万物都可以并存和孕育,相互之间可以不相损害,而且"道并行而不相悖"。连根本性的东西都可以是并行不悖的,那还有什么是不可以并行不悖的呢?

这是一种很具有包容性的思想传统,应该为今人所继承和发展。

易言之,文化和价值的多样性,是世界的客观事实,更进一步言,也是世界发展的源泉。若只有"一",则无有碰撞和相互作用，无从发展出新质。我们应承认和尊重"不同"，因为"不同"是客观存在。同时，诸种文化和价值之间又有可能通过交往而达到"认同"或接受，这种认同或接受不是一方吃掉另一方，或一方消灭另一方，而是在交往中学习、改进、适应，从而达到一种新的状态。这一过程赋予事物以生命力，它应该是内生的，而不是从外部强加的。这是共生的题中应有之义。

有人疑心，共生论是不是理想主义的？我们说，不是的。共生的理论探索，是要从世界和人类社会的基本现实出发，探究消弭冲突、共同发展的原理，平衡西方思想的不足，破解西方思想主导下产生的世界难题，这极为必要，也有可能。事物之理，正如力量需要平衡一样，思想领域也需要平衡，需要互补，从而达成一种健康的状态和氛围，建设性地解决世界的各种问题。

我们认为，共生是一种深刻的思想。认为共生就是没有矛盾，则是一种误解。共生不是不存在矛盾，矛盾是普遍存在的，共生状态中也存在矛盾。问题在于以什么方式解决矛盾。在共生关系中，不是通过使另一方消失的办法来解决矛盾，而是在容许矛盾的各方同时生存发展的前提下，争取消弭和化解矛盾。因而，在共生论看来，矛盾是共生中的矛盾，共生是矛盾中的共生。

以共生方式解决矛盾，有两个特点。一是平常心。在共生思维下，矛盾的产生是正常现象，或乃至是常态，毫不足怪。二是耐心，矛盾的主体愿意等待，愿意给予更多的时间以让人们的思想发生转变,使得矛盾得到化解。这样做,看似缓慢,却是一种能为有关方面共同接受的方式,因而是经得起时间考验的。中国的外交实践为此提供了可信的例证。过去多年间,由于历史遗留下来的原因,中国与陆上相邻的14个国家中的大多数都存在领土主权争议。多年来,中国经由双边谈判的方式,以和平的方式一个一个地解决了绝大部分的领土争议。中国与相邻国家达成的这些解决办法是经久的、可靠的和一劳永逸的,证明了这样的解决方式是可行的。

同样由于历史的原因,中国与一些隔海相望国家的海上争议一直未曾得到解决。1982年通过的《联合国海洋法公约》规定了专属经济区(EEZ)制度,随之出现了EEZ海域的多方重叠现象,使南海、东海问题更为复杂。就解决问题的方式而言,西方式的仲裁在满足特定条件的情形下具有一定的作用,也有运用之而使问题得到解决的先例。然而,这却不见得是普遍适用的一种解决办法。在条件不具备时(如关系处于紧绷状态),它可能发挥不了作用,甚至激化矛盾。东方的问题毕竟还需要采用东方式的办法,才是更为有效的解决之道。共生的思维以及共生的方式能够为此提供一条新的思路。

与此相反,通过动用武力,试图以武力的方式解决问题已经给予世人深刻的教训。以美军为主体的北约大军开进阿富汗,十多年过去了,费了九牛二虎之力,依然没能解决问题,而且仍然看不到解决的希望。发动伊拉克战争是这种思维的登峰造极之举,如今已被人们普遍视为一个重大错误。此外,西方大国利用安理会有关决议,"挂羊头卖狗肉",在利比亚动用武力,其结果是该国陷入了严重的混乱状态,造成人道主义危机。西方国家向叙利亚反叛武装提供政治支持,提供多种武器,酿造了叙利亚内战,导致数百万叙难民流离失所,蜂拥涌向土耳其和欧洲,形成了严重的难民危机,也为极端势力和恐怖主义兴风作浪、制造残酷的杀戮提供了肥沃的土壤。到头来,一些涉事的西方国家搬起石头砸了自己的脚。在付出了如此沉痛的代价之后,其教训有没有被人们吸取,有没有使人进而思考并寻求新的解决之道,还要打上一个很大的问号。

所有的这种种事实,更加凸显了共生思想和理论的重要意义。共生为人们提供了一种可供选择的思路和途径。依据共生原理而塑造的秩序或可称为共生秩序,它是包容的、内生的和坚韧的。

(1)共生秩序是包容的秩序。在共生状态下,事物是并存的,并不以此否定彼,或以彼否定此,在状态上是如此,在意图上也不存在一方有意吃掉另一方的情形,因而是"相安无事"的。各主体相互之间不是排斥的,而是相互包容的,并不因为存在差异便另起炉灶或生异心,或做出排斥性的安排。历史上,在种族隔离的制度下,相关的制度性安排是根据种族和肤色而进行的,因而是排斥性的。再如,由于宗教信仰的不同而采取禁止入境等措施,也是排斥性的做法或行为。为了消除不和谐而采取泯灭对方的文化特性而同化于"我"之文化特性的做法,断然有悖于共生的秩序。共生秩序拒斥上述种种的思维方式和行为模式,尊重差异而不强求同一,让事物在并存中共同生长发展、演进融合。

(2)共生秩序是内生的秩序。内生秩序的特性在于它是从当地、从文明内部或从本民族内部生长发展起来的秩序。这并不意味着拒绝学习或吸收外部的经验、做法乃至制度,而是意味着由外而内的吸收不是强加的或生硬植入的,而是经由良性互动而发生的一种自然的过程。内生秩序是长成的,因而是与当地的、本土的文化历史社会相契合的。反之,生硬植入的秩序很容易出现不适,比如脱离自身的具体条件和环境孤立地看待和套用某一做法,比如废除死刑。是否废除死刑本来应是根据自身的情况来决定的,而在一种偏激的思维下,却可能不顾具体条件地加以采用,以为是"先进"的做法,这就难免不伦不类,画虎不成反类犬。这样的事例可谓屡见不鲜,付诸实践后常常会经历一个痛苦的反复过程。

(3)共生的秩序是坚韧的秩序。共生秩序由于它是从内部或本土生长而成的,因而具有坚韧性。反之,当一种秩序是强行地搬入或套入时,它很可能是脆弱的。伊拉克战争后,稳定的社会秩序在该国迟迟不能形成,就是因为原先的秩序被外部武力强行摧毁之后,匆匆建立、没有根基的新秩序是极为脆弱的。在阿富汗也可看到类似的情形。诸如此类的事例,可说不胜枚举。

一言以蔽之,共生观念,为我们打开了一扇窗户;共生理论建设，为人们探寻世界矛盾的解决之道提供了另一种可能，它也是探索新国际关系理论的一条路径。

（原载《文汇学人》2017 年 5 月 5 日，与金应忠、苏长和、袁胜育合撰）

新兴经济体塑造全球治理新图景

　　近年来,新兴市场国家出现了一些新情况和新变化,比如股市,汇市动荡,资金外流,货币贬值等,个别国家还发生了一定程度的社会动荡,出现了较大规模的抗议示威活动,等等。在这一背景下,国际上关于新兴市场国家的走向出现了不少议论。在一些人看来,好像这些新兴国家又不行了,只有中国还行,而中国经济增速也在放缓,有的甚至在等待中国发生新兴市场危机。

　　这不是个小问题,值得我们认真加以研究分析,做出恰如其分的估计。

　　世界进入 21 世纪后,一个引人注目的现象是新兴经济体的群体性发展上升,于是,2001 年,高盛公司经济学家吉姆·奥尼尔等造出了一个新词 BRIC(金砖四国),即巴西、俄罗斯、印度、中国,认为它们是未来世界中冉冉上升的经济新星,值得世人注意。这一敏锐观察得到了经验事实的支持。根据高盛公司 2007 年的统计,仅仅是金砖四国(不包括南非、东盟和墨西哥)的总量当时就已占世界经济总量的 15％。2008 年,这四国均已跻身世界前十二大经济体之列,中国名列第四,印度第六,俄罗斯第九,巴西第十一。而到如今,世界上已经普遍认可中国为世界第二大经济体。

这四个新兴经济体中,俄罗斯的身份有点特殊。这是因为,俄还是八国集团(G8)的成员,但在该集团内,俄与其他七国的地位并不平等。G8 由 G7 而来,G7 是经济的,也是意识形态的西方集团,G7 讨论国际经济金融事务协调并不邀请俄罗斯参加。从这一意义上说,俄罗斯在 G8 中被另眼相看,表面上好像很风光,其实仍被西方当作另类看待。

2003 年,法国主办 G8 峰会,邀请了五个发展中大国印度、中国、南非、巴西、墨西哥的首脑与八国领导人对话,此即"G8＋5"。这是一个意味深长的发展,这在过去是难以想象的。如果不是这些国家发展成长,经济力量跃升,西方能够这么"看得起"它们吗? 后来,英国主办格伦伊格尔斯峰会、德国主办海利根达姆峰会,都大致循此模式展开与新兴经济体国家的对话,既然是 G8＋5,一个 G13 似乎已呼之欲出了。然而,在这一机制中,发展中大国是受邀参加的,因而是客人,议程由 G8 确定,双方之间的地位并不完全平等。

正当此时,全球金融危机突然爆发。这场自 20 世纪30 年代资本主义世界"大萧条"以来最为严重的危机发端于西方的龙头美国,发端于美国的金融中心纽约的心脏地带华尔街,它引起的震荡之大,波及的范围之广,都是极为罕见的。新兴经济体国家也不可避免地受到了这场危机的影响。不过从总体上而言,它们经受住了考验,阵脚未乱,而且企稳回升较快,尤其中国,是世界经济动荡中的一大亮点,与其他新兴国家一起,成为在危机背景下拉动世界经济增长的引擎。就是在这种背景下,二十国集团(G20)首次在峰会层次上召开。G20原是在亚洲金融危机背景下以有关国家财长和央行行长会议形式应运而生的,它反映了全球经济力量配置和对比的变化。

这种变化在于,在全球金融危机面前,G8显然无力应对,无法采取有效行动。G20峰会的诞生,深刻地表明,新兴市场国家重要性的上升,是西方所无法回避和必须正视的现实。没有新兴市场国家的参与,世界经济事务无法得到有效讨论和治理。因此,G20作为全球经济治理新的机制,登上了历史和世界的舞台,其中的新兴经济体国家,除上面提及的以外,还包括印度尼西亚、韩国、土耳其、沙特阿拉伯等国,现在,它们以完全平等的地位和身份参与到了全球经济治理的商讨和决定中。

这是世界多极化的一个重要表征。美国虽仍是当今唯一超级大国,但其管控世界事务的能力已较以前减弱。欧元虽不至垮台,但欧元区陷入经济衰退,希腊、塞浦路斯等欧洲小国险象环生,拖累了欧洲大国,后者虽使出浑身解数一再救急,欧元区摆脱危机却迟迟难有起色。相比之下,新兴市场国家表现抢眼。本来,世界政治已经走向多极化,现在加上了经济多极化的进一步发展,又使政治多极化得到了增强。

在这一新图景中，中国是一道亮色。多年来，中国战略得当，持之以恒，抓住目标不放松，在保持政治稳定的基础上，实现了连续数十年的经济增长，大大提升了其世界经济政治地位。从历史的长过程看，也正因为它浓缩地在较短的时间内完成了别国上百年甚至更长时间才走完的路，中国的发展在很多方面体现出"夹生"的特征，很多矛盾有待化解。中国的迅速崛起也在对外关系中引起了一些邻近或不邻近国家的不适应，这同样需要有一定的时间来逐步化解。所不同的是，有些人内心里总是不希望中国发展壮大，相反总是希望中国出点问题，好证明他们一些本来就经不起推敲的"理论"，于是便有最近的各种"唱衰"论调。

然而，经济增速放缓原是中国为了调整结构而有意为之，是着眼于使未来的发展更为稳健。从其他新兴国家看，一些国家经济结构矛盾突出，经常项目账户赤字较大，长期靠资本流入来维持平衡。一些新兴市场国家产业结构中的资源特性较强，对外依存度较高，更易受到美元波动冲击，这些的确都反映出了一些问题。美国为摆脱危机而不止一次实行"量化宽松"，就引起了一些新兴市场国家的紧张和担忧。而美国拟议中的"退出宽松"，又引起了它们的紧张和担忧，这反映了它们一定程度上存在的脆弱性。资本总是贪婪的，总是在寻求超额利润，总是像饿狼一样地扑向猎物，投机资金快速的流入流出常常在他国引起冲击和震荡，而新兴市场国家因经验不足，对资本的贪婪本性缺乏警惕，或政策应对失误,在博弈中常容易吃亏。这些都表明新兴经济体国家有各自的弱点,需要很好地加以重视和解决。

然而,尽管如此,新兴市场国家的进一步兴起和力量的成长壮大仍是一个不可阻挡的趋势,理由是:

首先,新兴市场国家的崛起是一个长期趋势,而当前各种"看跌"的议论则是基于一些短期的情况变化,如股市、汇市波动,货币贬值升值等。各种"唱衰"的论调不排除其"别有用心"的可能。如果不是别有用心,那么它们大都是基于短期变化而做出分析的。其所涉及的一些现象固然都是事实,但这些变化本身又是易变的,不足以改变长期趋势。

其次,新兴市场国家具有进一步发展的基本条件。这些基本条件包括:它们大都政局稳定,国家大政方针能够得到贯彻执行。这些国家发展的基本方向对头。例如印尼,在经过亚洲金融危机带来的动荡不安后,实现了稳定并走上正轨,近些年经济政治发展呈现积极势头;土耳其、巴西的社会动荡并未伤筋动骨;俄罗斯走向复兴的方针也不会改变;等等。

再次,这些国家间的机制化合作得到建立和发展。新兴经济体诸国都有谋求国家发展的共同愿望,并且共同建立了金砖国家合作机制,它们曾经就国际货币基金组织(IMF)新总裁人选共同发出声音;金砖国家新开发银行诞生,这是具有重要实质性意义的合作措施,必将产生深远影响;它们还共同参与了 G20 的各项工作,尽管并非在所有问题上都立场一致,但它们毕竟共同显示了新兴经济体的群体形象和力量。

因此之故,新兴经济体国家长期崛起的历史趋势将不会因为一些短期的变化而发生改变,全球力量配置将继续发生变化,全球治理机制化进一步增强,新兴市场国家将继续发展,但须练好内功,它们将继续塑造未来全球治理的新图景。一段时间前,中国人朱民出任国际货币基金组织副总裁。最近以来,巴西人阿泽维多出任世界贸易组织总干事,中国人易小准成为副总干事,都表明来自新兴经济体的人士在参与全球治理的国际性组织中的影响力也在增长。

(载《文汇报》2013 年 9 月 19 日)

中国和G20:从参与者到引领者

在全球金融危机中产生的 G20(二十国集团)领导人峰会,自首届华盛顿峰会起,迄今已八年。八年间,在包括 G20 在内的各方努力下,全球经济得以避免哀鸿遍野,但其复苏依旧乏力和艰难。人们普遍认识到全球经济的复苏仍十分脆弱,经济增长的动力不足。自 2012 年起,全球经济增长连续四年低于 3% 的水平,预计 2016 年全年仍将如此。与此同时,中国较为成功地应对了全球金融危机,国家发展取得巨大成就,跃升为世界第二大经济体,已然站在了新的历史起点上,正在向"两个一百年"的战略目标奋进。

在这一背景下举行的 G20 杭州峰会,便具有了与以往不同的意味。G20 各国总人口占全球三分之二,国土总面积占全球 60%,国内生产总值占全球 85%,贸易总额占全球 80%,这些事实足以彰显 G20 在全球经济和政治中的分量。中国第一次主办 G20 峰会,是对中国领导力的一次检验。鉴于中国在全球经济和政治中的影响力,杭州峰会本身即可谓举足轻重。这也是 2016 年中国最重要的主场外交活动。毫不奇怪，中国给予了极大的重视。

在中国看来，世界多极化是一个极为重要而积极的发展趋势，多极化是有利于世界和平的。若干年前，当G7/G8在全球经济中的影响力相对下降，新兴国家的力量不断上升时，五个新兴国家受邀与G8对话，由此产生了"G8＋5"（即巴西、中国、印度、南非、墨西哥）对话机制。这是世界力量配置的变化在政治上的反映。但在"G8＋5"对话机制中，五个新兴国家的领导人是作为客人参加与G8对话的，双方地位仍不完全平等。2008年，全球金融危机爆发，促成了G20上升到峰会层次，到这时，各成员之间可说已经以完全平等的姿态出现，共商摆脱危机的大计。这是世界多极化进一步发展的映照。从1999年G20以财长和央行行长会议的形式诞生以及2008年首次提升至峰会层次开始，中国参与了G20的整个进程，成为这一机制和进程中建设性的参与者。近年来，中国以G20"三驾马车"成员和2016年峰会主办国身份倡议、引导、协调，成为G20未来发展方向的积极引领者，以积极姿态引导其从危机应对机制向长效治理机制转型。

世界是由主权国家组成的，然而全球性的问题是跨越国界的，应对这些问题也需要采用跨越国界的方式，这就要求经济政策和其他方面政策及措施的全球性协调。G20的产生，正是为了制定步调一致的政策和全球性措施。然而，G20并无强制力，只能经由相互协调达成集体行动。不同国家的集体行动需要经由认同、承诺而自愿做出。这两者之间的距离，始终是一个难题。G20 是如此，其他国际机制也是如此。在一定程度上，这一难题的克服有赖于主席国的号召力、协调力和推动力。

根据 G20 的"三驾马车"机制，在不设秘书处的情况下，由上任主席国、现任主席国和下任主席国共同组成"三驾马车"，以保持工作的连续性。根据这一机制，中国至少有三年的"任期"及平台发挥自身独特作用。

自 2015 年 12 月 1 日接任 G20 主席国开始，中国就以时不我待的紧迫感，迅速进入主席国的角色，展开相关工作。仅一个多月后，就在北京召开了 2016 年峰会第一次协调人会议，与会的有 G20 各成员、嘉宾国及各相关国际组织的协调人。中方表明，杭州峰会主题是"构建创新、活力、联动、包容的世界经济"，全年工作将围绕"创新增长方式""更高效的全球经济金融治理""强劲的国际贸易和投资""包容和联动式发展"四项重点议题展开。中方期望通过当年的工作，推动 G20 发挥引领作用，体现雄心和水平，为世界经济发展和国际经济合作指明方向；创新机制建设，打造合作平台，为 G20 从危机应对向长效治理机制转型提供坚实保障；制定规则指标，推动检查落实，为相关合作提供衡量标尺。① 这次协调人会议是 G20 杭州峰会筹备工作的起点，也是一次确定目标和方向的会议。中方希望与会各方

---

① "2016 年二十国集团峰会第一次协调人会议开幕"，《人民日报》2016 年 1 月 15 日第 3 版。

展现雄心和决心，提出精当见解，推动 G20 在促进世界经济增长、完善全球经济治理、提升各国人民福祉方面发挥更大作用。

在两次峰会之间，G20 机制是通过"双轨"展开工作的。一轨道是协调人会议，另一轨道是财长和央行行长会议。第一次协调人会议召开后不久，第一次财长和央行行长会议于 2016 年 2 月在中国上海召开。会议主要讨论了当前全球经济形势、增长框架、投资和基础设施、国际金融架构、金融部门改革、国际税收合作、反恐融资、绿色金融及应对气候变化资金等议题，并发表了联合公报。两个月后，第二次财长和央行行长会议在美国华盛顿举行，会议就结构性改革的优先领域达成共识，期待制定一套用于监测和评估结构性改革进展的指标体系，并报 7 月份的 G20 财长和央行行长会议核准。这也就是在中国成都召开的 7 月第三次财长和央行行长会议，主要讨论了当前全球经济形势、"强劲、可持续和平衡增长框架"、国际金融架构、投资和基础设施、金融部门改革、国际税收合作、绿色金融、气候资金、反恐融资等议题，并发表了会议公报。

在此期间，协调人会议继续举行。第二次协调人会议于 4 月在广州召开，中方倡议 G20 成员发表关于气候变化问题的主席声明，推动各成员落实 2015 年 12 月达成的气候变化《巴黎协定》。第三次协调人会议于 6 月在厦门召开，会议通报了杭州峰会框架日程等有关安排，就领导人公报基本框架和要素达成原则共识，就峰会核心成果深入交换意见并锁定相关进展。第四次会议则于 9 月初在杭州举行，为峰会做最后的准备，特别是就峰会最重要的政治成果——领导人公报进行磋商，并在各方达成一致后向峰会提交。第五次会议则预定在峰会后的 10 月底 11 月初在武汉召开，中国继续以主席国身份发挥作用，并向下一任主席国德国过渡。

此外，中国还发起并主办了若干专业领域的部长会议，这些会议密集举行，包括：2016 年 6 月初在西安召开的 G20 农业部长会议，各代表团就构建粮食安全体系、农业可持续发展、机制和科技创新、农业投资与贸易、小农发展等议题进行了深入讨论，形成《G20 农业部长会议公报》提交峰会审议。6 月底在北京召开了能源部长会议，会议形成了主文件《2016 年 G20 能源部长会议北京公报》，另包括附属文件《G20 可再生能源资源行动计划》等。7 月 12－13 日在北京举行了 G20 劳工就业部长会议，会议通过了《G20 劳工就业部长会议宣言》《G20 创业行动计划》《G20 关于促进高质量学徒制倡议》等五项成果文件。尤其重要和值得一提的是贸易部长会议。此前，G20 在贸易投资领域缺乏稳定的工作机制，既没有定期召开贸易部长会议的安排，也缺乏工作层面的对话渠道，难以开展持续、深入的讨论和合作。在中方倡议下，2015 年二十国集团安塔利亚峰会指示贸易部长定期举行会议，并同意建立支持性工作组。在此基础上，二十国集团于 2016 年成功创设贸易投资工作组，并举办了四次会议。7 月 9 日至 10 日，中方在上海成功主办机制化后的首次 G20 贸易部长会议,发布了 G20 历史上首份贸易部长声明,通过了中方倡议的《G20 贸易投资工作组工作职责》[①],以及《G20 全球贸易增长战略》和《G20 全球投资指导原则》)。

在此过程中,中国还采取了一个开创性的举措。7 月 22 日,中国国务院总理李克强同世界银行行长金墉、国际货币基金组织总裁拉加德、世界贸易组织总干事阿泽维多、国际劳工组织总干事赖德、经济合作与发展组织秘书长古里亚、金融稳定理事会主席卡尼举行"1+6"圆桌对话会,围绕"全球经济形势和挑战"主题,主要就全球经济政策、落实 2030 年可持续发展议程、重振全球贸易、推动结构性改革、劳动力市场政策、国际金融监管改革等问题深入交换意见。这一对话会是在世界经济发展处于关键时刻举行的重要会议,也是中国政府同主要国际经济金融机构之间一次颇具开创性的集体对话,表明中国愿同国际社会加强沟通协调,以共同准确把握世界发展大势,寻找促进世界经济增长的良策,共同推动复苏经济、稳定金融、引导预期。在对话中,李克强提出五点建议:一是加强宏观经济政策协调,共同促进世界经济复苏。二是平衡处理好解决周期性因素和深层次结构性矛盾、短期问题与中长期问题的关系。把结构性改革放在突出位置,发挥消费和服务对经济的拉动

[①] 高虎城:"携手实现全球增长新蓝图",《人民日报》2016 年 9 月 8 日第 7 版。

作用,发展新经济,形成经济增长的新引擎。三是推动全球贸易投资自由化便利化,坚定支持经济全球化,旗帜鲜明反对各种形式的保护主义,维护多边贸易体系主渠道地位。四是促进包容性增长,把落实 2030 年可持续发展议程,促进包容性增长作为世界经济复苏的发展方向和重要推动力量。五是更好发挥金融支持经济复苏的作用。① 出席对话的六位国际经济金融机构领导人士又于 9 月全部出席了在杭州举行的 G20 峰会。

发达国家和发展中国家作为平等伙伴同坐在一张桌子前,共同谋划世界经济长远健康发展的大计,体现了 G20 比 G7/G8 更具代表性,更富包容性。G20 杭州峰会有历史上最多的发展中国家参与,包括东盟主席国老挝、非盟主席国乍得、非洲发展新伙伴计划主席国塞内加尔、七十七国集团主席国泰国以及代表 50 多个非 G20 国家的组织"全球治理集团"(3G)代表新加坡、代表中亚国家的哈萨克斯坦和代表北非与中东发展中国家的埃及等,成为迄今为止的 G20 史上发展中国家参与最多、代表性最广泛的一次峰会。发展中国家的声音和诉求在 G20 杭州峰会上得到充分表达。

发达国家和发展中国家就国际经济事务平等协商、平等决策,反映了世界经济政治格局的重大变化,符合时代发

---

① "李克强同主要国际经济金融机构负责人共商应对全球经济挑战之策",《人民日报》2016 年 7 月 23 日第 3 版。

展的潮流，是历史的进步。

随着各项工作的展开，到 2016 年 5 月，人们已可预计杭州峰会可能取得的十项成果：一是制定创新增长蓝图。二是制定落实 2030 年可持续发展议程行动计划。三是制定结构性改革优先领域、指导原则和指标体系。四是制定全球贸易增长战略。五是制定全球投资政策指导原则。六是深化国际经济金融架构改革。七是创立三位一体的反腐败合作。八是发起支持非洲和最不发达国家工业化合作倡议。九是制定创业行动计划。十是推动气候变化《巴黎协定》尽早生效。

在所有这十个方面，中国作为主席国均努力加以推动，使之在不同程度上都向前迈进了一步。在此过程中，中国发挥了引领者的作用，具体表现在：

（1）中国的努力促使 G20 发挥领导作用，体现战略远见和雄心，为世界经济指明方向，发掘动力。

G20 的首要任务和目标，是使世界经济摆脱疲软和低迷，实现强劲、可持续、平衡和包容性的增长。对此，杭州峰会给出的答案是必须走创新和改革之路。在中国倡导和推动下，G20 成员聚焦创新增长议题，共同制定了《二十国集团创新增长蓝图》，以及创新、新工业革命、数字经济三大行动计划。各方还制定了结构性改革共同文件，强调要通过结构性改革提高世界经济中长期增长潜力。这些在 G20 历史上都属于首创之举。若能落到实处，将推动全球经济增长重现活力。

早在 2014 年布里斯班峰会上，G20 领导人在增长战略方面就做出了一些采取重要行动的承诺，据测算，这些承诺如能得到充分且及时的落实，将在 2018 年之前使 G20 的整体国内生产总值额外提高 2%。为达到这一目标，G20 在 2015 年制定了一个被认为是强有力的框架，以检测相关承诺的落实情况。2016 年，G20 完善了增长战略，增加了新的关键承诺，并加强了同行评估，以便更全面、详细地评估成员国的增长战略以及以往承诺落实的进展情况。G20 对落实情况的监测得到了国际货币基金组织、经济合作与发展组织以及世界银行评估的支持。监测结果表明，G20 成员国已经完成了在布里斯班做出的一半以上的多年承诺，以及大约一半的在安塔利亚做出的承诺，其余承诺大都在落实中。①

（2）中国助力全球经济合作，以同舟共济的伙伴精神，共同应对风险和挑战，发出团结、开放、包容、合作的强有力信号。

在中国担任主席国期间，G20 财金轨道经过多次磋商讨论，形成两大共识：一是在全球经济复苏缓慢且不平衡的背景下，G20 各方承诺要使用包括货币、财政、结构性改革在内的所有政策工具，实现强劲、平衡、可持续增长目标。二是在全球金融市场波动加剧之际，各方首次明确表示要就外汇市场进行密切沟通，防止货币竞争性贬值。

---

① "杭州行动计划"，《人民日报》2016 年 9 月 7 日第 21 版。

除这两大重要共识外,中国还推动 G20 财金轨道取得了多项成果,包括首次明确结构性改革顶层设计,明确了结构性改革的九大优先领域和 48 项指导原则,并制定了一套衡量结构性改革进展和成效的指标体系;提出《全球基础设施互联互通联盟倡议》,寻求全球主要经济体在基础设施互联互通上的"最大利益集合"等。联盟将在 2017 年成立,向 G20 成员、非 G20 成员、多边开发银行及其他有关国际组织开放,世界银行将成为其秘书处。

(3)推动 G20 落实联合国和世界贸易组织的相关议程。

2015 年 9 月,联合国发展峰会通过了 2030 年可持续发展议程。这一议程事关未来全球的发展,各国必须共同担负责任,起而前行。作为 G20 主席国,中国决心推动杭州峰会制定落实 2030 年议程的行动计划。为此,中国发布了《落实 2030 年可持续发展议程中方立场文件》,把落实发展议程同中国"十三五"规划对接,对在 G20 框架下引领各国共同制定落实 2030 议程行动计划起到了积极作用。从实际结果看,在中国引领下,G20 在其历史上第一次把发展问题置于全球宏观政策框架的突出位置,第一次制定了落实联合国 2030 年可持续发展议程行动计划,第一次采取集体行动支持非洲和最不发达国家工业化。2015 年 12 月,中国提出了与非洲的"十大合作计划",2016 年则推动杭州峰会发起《二十国集团支持非洲和最不发达国家工业化倡议》。这些事实加起来,显示了中国对全球共同发展的关怀，也显示了中国的远见、担当和行动，展现了中国的行动力和领导力。

世界贸易组织（WTO）的《贸易便利化协定》，是世贸组织于 2013 年达成的一揽子协定，旨在便利各国贸易，降低交易成本，推动世界贸易和全球经济的增长。《2015 年世界贸易报告》预测，全面执行《贸易便利化协定》，可为 WTO 成员节省 14％ 的贸易成本，并有望使全球商品出口额每年增加 1 万亿美元，其中发展中国家的出口额增长7300 亿美元。不过，该协定需要得到 WTO 三分之二成员即 108 个成员批准才能生效。直到不久前为止，已有 90 个成员予以批准，但仍欠缺至少 18 个成员。为促进这一协定，使其尽快生效，2016 年以来，已有 6 个 G20 国家如土耳其、巴西、俄罗斯、印度、沙特阿拉伯等批准了《贸易便利化协定》，还有 4 个 G20 成员表态年内将会完成该协定的批准程序。这意味着所有 G20 国家都将在年内批准《贸易便利化协定》。G20 国家的积极行动，必将带动非 G20 成员国一道尽早签署和批准《贸易便利化协定》。

（4）建设更高效的全球经济金融治理。

完善国际金融架构一直是 G20 会议的重要议题，历届财长和央行行长会议、领导人峰会都对其进行了讨论，特别是 2011 年法国担任 G20 主席国期间，更是极力推动国际金融机构的改革。在此基础上，2012 年在墨西哥担任 G20主席国期间，国际金融架构工作组成立，为 G20 层面推动完善国际金融架构提供了新的依托。然而，在 2014 年澳大利亚担任主席国后,国际金融架构工作组的工作停滞,一直持续到 2015 年。中国接任 G20 主席国后,决定重启国际金融架构工作组。

作为中国自 2015 年 12 月 1 日接任 G20 主席国后主办的首次高级别会议,G20 财政和央行副手会于 12 月 14 至 15 日在海南三亚举行。12 月 15 日,G20 国际金融架构工作组首次会议在三亚召开。会议讨论并通过了国际金融架构工作组 2016 年全年工作计划,并就基金组织份额和治理改革、主权债重组、资本流动、全球金融安全网,以及增强特别提款权(SDR)的作用等议题进行了讨论。① 经由这一架构,中国与各方共同探讨改革和完善国际金融架构。2016 年 7 月成都财长和央行行长会后,G20 形成了《迈向更稳定、更有韧性的国际金融架构的议程》,围绕扩大特别提款权的使用、加强全球金融安全网、推进国际货币基金组织新的份额和治理改革、完善主权债务重组机制和改进对资本流动的监测等五个方面提出了一系列设想。这一议程在杭州峰会上获得通过。

(5)促进全球贸易和投资焕发活力。

根据英国全球贸易预警处 2016 年 9 月初发布的报告,截至 8 月中旬,全球共出现近 350 项抵制外国商业利益的措施,在数量上远超开放贸易的 100 多项措施。资本货物

---

① "中国接任 G20 主席国后第一把火:重启国际金融架构工作组",见 http://www.guancha.cn/economy/2015_12_16_344823.shtml.

贸易方面的限制措施和开放措施之间的差距更大，表明自首次举行 G20 峰会以来这类措施在逐步增多。[①] 无论这一估价是否完全准确，G20 国家都有必要承诺不采取新的保护主义措施。杭州峰会确认，将减少及不采取新的贸易保护主义措施的承诺延长至 2018 年底并重申决心实现这一承诺，支持世贸组织、联合国贸发会议和经合组织予以监督。

投资方面，当前国际上有超过 3300 个投资协定，存在政策碎片化、规则复杂化等问题，令投资者深感繁杂和不便。G20 成员作为全球投资主要输出国和接收国，签署的投资协定占国际投资协定总数的比例超过 40%，在加强投资政策协调问题上责无旁贷。因此，中国在担任 G20 主席国期间，首次将投资政策协调纳入了 G20 议程，提出制定《G20 全球投资指导原则》，旨在全球范围内营造良好投资环境。在各方共同努力下，G20 全球投资指导原则历经十稿讨论，汇集和反映了各方数百条建议和意见，并在 2016 年 7 月的 G20 贸易部长上海会议上得到各成员一致同意。《G20 全球投资指导原则》经杭州峰会通过，成为全球首份关于投资政策制定的多边纲领性文件。

（6）中美共同经由 G20 引领气候变化《巴黎协定》的批准进程。

---

① "Report points to 'miserable' record on trade and investment", *Financial Times*，September 2，2016.

2015 年 12 月达成的《巴黎协定》是全球应对气候变化努力的一个里程碑。按照规定,《巴黎协定》将在至少 55 个《联合国气候变化框架公约》缔约方(其温室气体排放量占全球总排放量至少约 55%)交存其批准、接受、核准或加入文书之日后第三十天起生效。联合国确定的目标是要使《巴黎协定》于 2017 年 1 月起生效,这意味着必须得到代表全球排放 55% 的至少 55 个国家的批准,而中美两国就占到全球排放的 38% 以上。

美中作为世界第一和第二大经济体,也是最大的两个温室气体排放国。9 月 3 日,两国在杭州同时向联合国秘书长交存批准文书,使得正式批准气候变化《巴黎协定》的缔约方数量增至 26 个,代表了全球 40% 的排放量。中美这一举措的意义,并不在于国家数量的增加,而是由于美中两国在世界上的巨大分量,使得两国共同采取行动产生了强大的表率作用,从而引领应对全球气候变化的国际合作行动。诚如联合国环境规划署所说,作为全球最大的两个经济体,中美是在向世界说明,未来经济发展的方向是低碳、绿色。

杭州峰会闭幕后,美国总统奥巴马这样说道,如果过去八年告诉了我们什么,那就是 21 世纪的复杂挑战没有协调和集体的行动是无法得到解决的。达成协议并非那么容易,结果并非那么快速到来。尊重看法上的差异,打造共识而非径下指令,易使人产生挫折感。但危机爆发以来的八年就是这么走过来的。这也是 G20 能在未来为所有人作出贡献的。[①] 问题的关键在于行动。正如习近平主席所指出的，行胜于言，G20 应该成为行动队，而不是清谈馆。要将共识转化为行动，将成功落到实处。这是对 G20 的真正考验，G20 的未来取决于行动。

G20 第四次峰会即 2010 年 6 月多伦多峰会后，一位加拿大学者曾经这样写道："人们抱有很高的期望，希望看到新兴市场大国如中国、印度和巴西——但尤其是中国——在 G20 内扮演更为突出的角色。然而并无证据能表明这一点。"[②]六年多后的今天，随着中国登场和发挥重要作用，这一论断已经得到了改写。中国以自己的实际行动，证明了它在二十国集团内从参与者到引领者的转变。

（载《浙江社会科学》2016 年第 10 期）

----

① Press Conference by President Obama after the G20 Summit，Hangzhou，September 5，2016.

② Alan S. Alexandroff，"Stuck in Transition：Conflicting Ambitions for the G20's Future"，*Global Asia*，5(3)，Fall 2010，42-46，esp. 45.

从香格里拉对话会看
中国公共外交话语的改进

香格里拉对话会(Shangri-La Dialogue)是由伦敦国际战略研究所(IISS)主办、新加坡政府支持和资助的"亚洲安全峰会"。对话会始创于 2002 年,因每年 5 月底 6 月初在新加坡的香格里拉大酒店举办而得名。从一开始,香格里拉对话会就邀请亚太地区相关国家的防务官员以及具有代表性的研究界和新闻界人士出席。此后,随着时间的推移,各国参会官员的级别越来越高,对话会的影响也越来越大。应伦敦战略所邀请,从 2007 年起,我方每年都派团与会,大多数年份均以主管外事工作的中国人民解放军副总参谋长为团长率团出席香格里拉对话会。2011 年,我方由国务委员、国防部长梁光烈率团出席,是迄今为止出席对话会级别最高的中国防务官员。2015 年 5 月 29 日至 31 日,第 14 届香格里拉对话会(以下简称"香会")在新加坡举行,中方由解放军孙建国副总参谋长领衔与会。我作为国内非军方人士之一应邀参加了会议。

一、总体情况

2015 年香格里拉对话会随 5 月 29 日举行的晚宴开启,新加坡总理李显龙到会发表演讲。他的演讲和回答问题均十分出色和成功,获得各方人士广泛佳评。由于美国在当今世界的"一超"地位,也出于香会的惯例,30 日上午第一场大会安排了美国国防部长阿什顿·卡特单独演讲。偌大的会场,坐得满满当当,一座难求,以致有不少与会代表是站着听完演讲的。会前,南海形势已经升温且"热度"很高,美助理国防部长戴维·谢尔和助理国务卿丹尼尔·拉塞尔在国会作证时,就中国在南海有关岛礁的设施建设强硬发声。美 P-8A 侦察机搭载 CNN 记者飞越有关空域并发布中国"人工岛"照片。并且美《华尔街日报》披露美五角大楼有意派遣军舰军机到南海相关海域和空域活动,以显示美方的不满和挑战性姿态。我国外交部发言人对此做出回应,要求美方澄清。在抵达新加坡前,卡特防长在夏威夷停留并发表言论,在南海问题上采取了强硬措辞。由于以上原因,各方人士普遍预计,卡特在香会演讲中必会有类似强硬表现。各方的期待由会场爆满的情形一望可知。但后来的实际情况是,卡特在涉南海问题上的言论比预想的要温和,一是在演讲比较靠后的一部分才提及南海问题;二是强调和平解决一切争端(未讲派遣美军舰和军机到有关区域),并谈及其他很多议题,言下之意南海问题是亚太地区多个问题中的一个;三是呼吁有关各方都不要填海造岛,以示不是只针对某一个国家。

总体而言,卡特的演讲有事实,有分寸,不失平衡,应该说是成功的,各方人士对此均给予肯定性评价,美方总体上"得分"。此后的有关场次,均由几个国家的国防部长共同组成一场,包括日本防卫相、印尼防长、马来西亚防长、柬埔寨防长等。

由于中方代表团团长低于国防部长级别,香会组织方安排其在5月31日上午第一场演讲,同场演讲的还有新西兰国防部长和德国国防部长。很显然,30日的重头戏是美国,31日的重头戏是中国。大会开始,孙副总参谋长首先演讲,阐述了中方对有关问题尤其是涉南海问题的看法及立场,论证我方有关建设的"合情合理合法",还讲到中国经济总量虽大,从2010年开始成为世界第二大经济体,但除以13亿多人口,人均国内生产总值还排在世界第90位左右,是世界最大的发展中国家,等等。

然后是新西兰防长和德国防长相继演讲。接下来的大会提问和答问是十分关键的环节。不出所料,偌大会场中,除了个别问题提给了新西兰和德国两位防长外,大部分的问题都是冲着孙副总参谋长而来、指向中国的,而且大都与南海问题有关。鉴于此种情况,在大会提问结束后,会议主席、伦敦战略所所长约翰·奇普曼给了新西兰防长和德国防长每人各两分钟做回应,而给了孙副总长十分钟回答问题。这既是一个挑战,又是一次机会,在我看来更是一次机会,是展现我方理据,展示我方的"合情合理合法",影响各方有影响力人士的一次重要机会。然而很可惜的是，实际结果不理想。中方代表并没有针对大会中所提出的问题做出有说服力的回答，而是挑选并念了一部分事先准备好的内容，回避了与会代表提出的大部分问题。从会后各方包括中方与会人士的反映看，基本没有得到积极的评价。总体而言，这次香会可以说是我公共外交的一次"败绩"。从国际效果看，不是话语权的获得，而是话语权的丢失和机会的丢失。

二、经验总结

这一届香格里拉对话会的过程，非常值得我们认真总结经验，认识到存在的不足，改进我国公共外交工作，以利话语权上的"再战"。整个香会的活动固然包括各国防务官员们之间的一系列双边接触和对话，但更重要的还在于香会是一次高端的国际公共外交活动，也是借以争取外部理解、同情、支持的极重要的公共外交活动。尤其值得重视的是，此次香会召开前，南海问题骤然升温，国际媒体围绕此一问题进行了大量报道和评论，其中不乏不利于我方的报道和评论。在此背景下，我方极需发出具有说服力的声音，以正视听。而香会正好提供了这样一次"以正视听"的机会，完全可借以"影响有影响力的人士"，这也是我方此次参与香会所应着眼之处。根据实际结果，至少可从以下几个方面进行探讨。

首先，提高重视度。

经过连续 10 多年的举办,香格里拉对话会在国际上的影响越来越大。每一届会议,都有来自世界各国的众多人士与会。尤为重要的是,他们均是各国有影响力的人士,是相关国家的高级防务官员,在战略研究、国际事务研究领域具有影响力的人士,以及主流媒体的业界人士、"无冕之王"。而且,由他们进一步辐射出去,香会及其效果及于更大的范围。因此,参与香会是开展军事外交和公共外交、发出中国声音的极好机会,其重要性得到了国际上的普遍认知,也包括我国各方面人士的认知。我方对此不能说不重视,也曾派遣国务委员兼国防部长率团出席,但仅有一次。根据香会的惯例,安排大会演讲的次序跟各国出席官员的级别有关,而活动可能产生的效果又跟演讲次序有关,这是事关活动成效的一个重要因素,不能不加以考虑。同时,有鉴于美日等国所派官员均为国防部长(或防卫相),我方似应尽可能由国防部长率团出席为宜。

其次,姿态和基调宜温和。

无论国际和地区形势如何紧绷,毕竟"天塌不下来"。出席香会时,我方赴会代表宜努力展示温和、理性形象,一般不宜以强硬姿态出现。2015 年恰逢万隆会议召开 60 周年之际。60 年后的今天,我们仍应该学习周恩来总理率团出席万隆会议时所展现的精神,即"我们不是来吵架的",而是求同存异,谋求理解和团结。应该明确认识到,我方出席香会最重要的目标是"影响有影响力的人士"。2015 年香会召开前一天,我方发布了《中国的军事战略》白皮书,显然考虑到了香会即将召开这一时机,我代表团也携带了一部分中英文纸质版白皮书到香会上,赠送给有关人士。这固然是一种好的做法,较之过去是一个进步。然而更重要的在于,要树立我方"讲理"的形象,也就是通过我们常说的"摆事实,讲道理",以事实服人,以理服人,而不是以力服人。这样的效果才是一种积极的效果。在这一过程中,当然不排除有时针锋相对的斗争,是一种在必要时可加以运用的方式,但即便如此,斗争仍应服务于争取国际舆论友华、国际人心向我这一基本目标。

再次,回应问题最为关键。

在我方出席香会过程中,最为关键的是有我方代表出席演讲的那90分钟,而这90分钟中的关键又是回答大会中所提出的问题。我方代表将要发表的演讲,是事先写好演讲稿,有备而去的,但大会中提出的各种问题,反映的却是与会人士的优先关切和国际舆论的动向。我方应该发挥影响且能够影响的正是这一部分,时间可能就是十几分钟,然而却是关键。鉴此,宜掌握如下原则:在有限的时间内,应尽可能对所有问题都做出回应,至少应该点到,从而使提问者感到其所提问题受到了关注和尊重。在沟通的双方之间,对方的接受最为重要。有问必答,效果最好。对于误解性的问题,应说明事实究竟如何。对于挑战性的问题,也同样给予回应,或以开玩笑方式软中带硬。若能够这样做,回答问题一般能够产生比较积极的效果。

根据以往的实践,我方在国际上的宣示,通常原则性的东西讲得较多，比较缺乏的是具体而形象的细节，实际的效果是说服力不够强。这也同样反映在此次的香会中。有我方代表演讲的这一场大会，中国是重头戏，大部分的问题都将冲着中国而来，这是完全可以预计到的。大会提问环节结束后，主持人先让德国防长和新西兰防长回应，因而除了提问期间有一些时间可供思考外，还有上述两位防长做回应期间数分钟的准备时间，以此推算，我方代表是有条件对绝大多数问题酝酿回答并做出相关回应的。

最后，要估计到不同的可能性，善于随机应变。

根据香会的演讲安排，美国防部长演讲和我方代表演讲之间相隔一天，在这一意义上说，我方有足够的时间随机应变，做出适当调整。从会前形势估计，美方可能对中国进行强硬批评指责。可以看出，我方也针对这一可能的情况准备了相应的提问质疑。然而，美防长的演讲并未无理指责中国，而是相对温和，在这种情况下我方就应做出相应调整。否则，如果仍按原先的准备"出击"，就会与实际情形出现距离，甚至会被人认为我们不讲理。估计到多种可能性，才能有备无患，并随机应变。

三、有关思考和建议

第一，采取新的举措培养人才。

十年树木，百年树人，教育是根本。无论何时，人是最关键的。在这方面，美国的人才培养方式，有其可取之处，包括从小就得到演讲、体育等锻炼以及国际游学机会和经历，到高等教育阶段，又常有到政府部门实习等机会。等到离开大学时，毕业生（尤其研究生层次）已经得到过多种历练。再经过"旋转门"机制在智库、政府、商界工作，到四五十岁时已然成栋梁之材。笔者曾指导过一位美籍韩裔学生，当时为普林斯顿大学本科生，有机会到我任教的复旦大学学习一段时间，我担任其指导教师。该生回普林斯顿并毕业后，作为优秀生获得一项重要奖学金升入研究生阶段，其间又进入相关政府部门实习。经过如此历练后，要不成才也难。美国人才多，与这类举措、机制有很大关联。

第二，抓大放小，给我们的代表"自由裁量"空间。

我们的代表在外，常需要根据具体情况做出即时应对，在这种情形下不可能请示汇报。若事无巨细都请示汇报，则可能机会已失，时不再来。"紧身衣"如果太紧，极易出现"不求有功，但求无过"的结果，于工作不利，于我们在国际上争取和获得话语权不利。这就类似于过去的"将在外君命有所不受"，战役和战场形势瞬息万变，必须让为将者和在前方冲锋陷阵者根据所遇到的具体情况即时决断。只要是站在我国的立场上发声立论的，又有什么不可允许的呢？一段时间以来，我驻美大使崔天凯在美国重要媒体上或发表文章，或接受电视采访，或在会议上发表演讲，发出了中国声音，产生了良好的效果。反之，假如谨小慎微，瞻前顾后，那就不可能有如此举动。如果不求有功，但求无过，那就更不可能为我方争得话语权了。

第三，进一步提高交流开放度。

只有下水才能学会游泳。改革开放近 40 年的历史已经证明，只有改革才能发展，只有在"与狼共舞"中才能增强"舞"的能力。我们的科技创新水平是在开放中提高的，我们的社会科学研究水平也是在开放的过程中提高的，这已经被事实所证明。中国的企业要"走出去"，同样，我们的社会科学和公共外交也要"走出去"并进一步"走出去"，才能继续提升我们的能力，包括建立话语、争得话语权的能力。归根结底，我们的话语权只能在更大的开放中得到提升，舍此别无他途。

（载《上海思想界》2016 年第 1 期）

2030：一个更为平衡、共同发展的世界

对于 2030 年的世界，国际上已有不止一家机构进行了前瞻性的研究。这也应成为中国学界的一项课题。人们普遍认为，中国的复兴具有世界性的意义。从现在到 2030 年的 10 多年间，中国经济有望保持一定增长势头，社会建设将次第展开，全面小康社会有望建成，中国综合国力将更上层楼。届时，中国的 GDP 有可能超过美国，然而应该注意的是，GDP 并不说明太多问题。美国的综合国力届时很可能仍然位居世界首位。中国应行稳致远，无须也不应刻意追求什么领导地位。一国地位的形成，应该是一个水到渠成的过程。本文尝试对相关问题进行探讨，以得出一个冷静而持平的看法。

一、中国崛起与国际体系转型

当前，国际体系正处于深刻的转型当中。以往的历史告诉人们，国际体系的转变特别是大的转变，常常是由战争造成或带来的。威斯特伐利亚和会后主权国家体系的产生

是欧洲"三十年战争"的产物，19 世纪的"维也纳体系"是拿破仑战争的产物，20 世纪则发生了两次世界大战，每一次都带来了国际体系的巨大而剧烈的变动。

第二次世界大战结束后，世界保持了"长和平"（long peace），尽管发生过不少局部战争和冲突，但没有出现世界范围的、主要大国都参与其间的战争。冷战是一种相对稳定的结构，这期间的冲突不是在两大对立的集团之间发生的，而都是在它们之外的地区发生的。冷战的终结也不是经由战争发生而是和平地发生的，通过东欧剧变、两德统一一直至苏联解体而告完成。

如果说，冷战终结后曾经出现过一个美国踌躇满志、独步世界的"单极时刻"的话①，那么这个单极时刻是短暂的，比很多分析人士预估的要短，单极时刻已经成为过去。②单极时刻之所以短暂，基本原因有二：一是美国所犯的战略错误（尤其是伊拉克战争）消耗了自身巨大的资源和国力，因而缩短了这一单极时刻；二是新兴大国尤其是中国的崛起所带来的力量对比的变化使这一单极时刻难以长时间维系。但相比于战争条件下的转变，和平条件下的力量转移和体系转变毕竟更为缓慢和为时漫长。

---

① Charles Krauthammer，"The Unipolar Moment"，*Foreign Affairs* 70/1 (1990/1991)，23-33. 另可参见 Ivo H. Daalder & James M. Lindsay，*America Unbound*. Washington，DC：The Brookings Institution，2003.

② 参见阿米塔·阿查亚的《美国世界秩序的终结》（袁正清，肖莹莹译，上海：上海人民出版社，2017 年）第二章对此的论述。

在这个新的时期，促进 21 世纪国际体系发生转变的一个重要因素是中国的发展和力量的增长。自 20 世纪 70 年代末以来，中国持续近 40 年的增长在世界经济史上是罕见的，是其发展道路上的巨大成功，数亿中国人摆脱了贫困状态，国力增长迈上一个个台阶。中国发展的成功作为一个基本事实，是没有人能够否认的，其基本经验是：

（1）执政中坚力量始终保持连续性。当执政中坚力量持续不变时，经济发展所需要的政治稳定得以保证，从而避免了每隔数年就发生一次政党轮替或政府更迭而可能带来的短期行为，这就确保了中国的内外政策和发展战略能够一以贯之地长期推行。

（2）国家战略得当。中国对内把工作重心转移到经济建设上，确定了"两步走"的发展战略，即 GDP 到 20 世纪末翻一番，到 2020 年左右再翻一番，到 21 世纪中叶发展成为富强、民主、文明、和谐的中等发达国家。一定意义上作为其"升级版"，中国确定了"两个一百年"的奋斗目标，此即，到中国共产党建党一百周年即 2020 年左右全面建成小康社会，到中华人民共和国建国一百周年即 2050 年左右建成富强民主文明和谐的现代化国家。

（3）营造了总体和平安宁的外部环境，从而为现代化建设创造了外部条件。

经过近 40 年持续的现代化建设，中国的国力连上几个台阶，经济总量先后超越西方发达国家如意大利、法国、英国和德国，直至 2010 年超越日本成为世界第二大经济体，飞船上天，航母下水，中国的综合国力已与改革开放初期不可同日而语。在这一新的历史条件下，中国有必要对自己当前所处的位置做一个恰如其分的清醒估计。

二、国力是一个综合的概念

衡量一国国力常常是复杂而困难的。经济总量是其中的一个重要指标。

对经济总量的衡量，最为常见的办法是采用国内生产总值(GDP)的统计数据。这通常有两种计算方法。一种是按照汇率计算，一般是按照一国货币与美元的汇率折算成美元，从而反映一国经济总量。

另一种是按照购买力平价(PPP)计算。使用购买力平价计算发展中国家的经济规模，一般会得出较高的数字，因为商品和服务价格在这些国家往往较低。比如简单地将中国人的工资折算成美元去与美国人的工资相比较，就会低估中国人工资的购买力，相应地也会低估整个中国的购买力。若按照购买力平价计算，中国经济规模会明显高于按市场汇率价格计算的结果。

这就是说，即使对经济总量这一个指标，人们也聚讼纷纭，难以达成一致。即便能够达成一致，GDP仍然只是单一的指标，它的意义有多大始终是一个问题。

2014年10月，国际货币基金组织(IMF)发布了《世界经济展望》报告。根据购买力平价测算，这一年中国GDP将达到17.632万亿美元，占全球GDP总量的16.48%。

美国 GDP 则为 17.416 万亿美元，占全球 GDP 总量的 16.28％，中国成为世界最大经济体。报告一经发布，马上引来各种反应。质疑者认为，忽略了各国货币之间的汇率情况，就无法准确反映不同国家对世界资源的不同掌控能力以及它们对全球事务的不同影响力。还应注意到的是，中国的 GDP 数据是有水分的，一些地方虚报统计数字，造成加总后的数据失真。

美国物理学家马克·布坎南认为，GDP 并非衡量一国财富的理想指标。GDP 反映的是一年之内一国产出的商品和服务的流动。财富在 GDP 中并没有得到体现，财富是指一国能够用来创造未来收入和福利的价值储备总量。财富包括有形的建筑、机械、矿产、燃料、洁净水、良好的生态系统、技能、教育和完善的政府制度。[①]

也就是说，存在着多种因素，它们共同构成了一国的国力，简单的 GDP 数据不足以反映一国的国力，除了还有人均 GDP 这项指标外，科学技术水平、教育水平、国民素质、军事力量、国家创新能力、文化吸引力等各种有形和无形的要素共同构成一国国力的组成部分。1840 年鸦片战争前，中国是位居世界前列的经济体，然而却不能抵御西来的数千英军加若干炮舰的入侵，正说明一国总的 GDP 可以很高，但其国力却可能十分羸弱。

---

① 马克·布坎南：“为什么说用 GDP 衡量一国财富没有意义”，泰国《曼谷邮报》2014 年 11 月 4 日。

有数字表明,早在 1872 年,美国的经济规模就超越了英国,成为世界最大经济体。如果对此还有不同估计的话,那么,最晚到 19 世纪末期,美国已经上升到了最大经济体地位,则是毫无疑问的。然而,此时美国并非国力最强的国家,大英帝国仍高居世界巅峰地位,英镑是世界头号货币。第一次世界大战后期,美国宣布参战。这一参战行动决定性地改变了战争双方的力量对比,使战争以协约国一方的胜利告终。然而,一战后的美国孤立主义依然盛行,参议院否决了美国加入国际联盟之议,战后的美国回缩了。于是,在两次世界大战期间,国际关系的中心仍然在欧洲。这之后再经过第二次世界大战,美国终于崛起成为国力遥遥领先、无可置疑的世界头号大国,在经济总量、军事实力、科技水平、制度力量、文化吸引力诸方面都独占鳌头,成为无可争议的全球性大国。一定程度上可以说是两次世界大战把美国推上了世界巅峰地位。战后初期,美国一国的经济占到世界经济总规模的一半左右,美元取代英镑成为世界头号货币。① 在塞缪尔·亨廷顿看来,这以情形并非正常现象,有其当时的特殊性,"一个国家在全球经济活动中占高达百分之五十的份额,这种情况显然是战争的临时产物"。"如果'霸权'意味着占世界经济活动的百分之四十以上(英国即使在其鼎盛年代,也与此百分比相距甚远),那么美国

---

① 参见张振江:《从英镑到美元:国际经济霸权的转移(1933—1945)》,北京:人民出版社,2006 年。

的霸权早就不复存在。如果霸权意味着占世界产值的百分之二十到二十五，即产值两倍于其他任何一个国家，则美国的霸权看来颇为牢靠。"[1]

数十年间，美国在全球经济中的分量保持在 20％ 左右，持续位居世界首位。而到 21 世纪第二个 10 年后，无论从经济总量还是从综合实力看，中国都已位居第二。

然而，这"老二"是不好当的。老二所处的位置是有可能赶上或超过老大但一时又与老大存在不小差距，虽大而不强，很多关系尚未理顺。在外部，这一老二地位当然会引起重视，但来自老大的重视却不一定总是好事，它可能转化为巨大压力，成为众目睽睽的对象。

美苏冷战时期，苏联和美国各为一方之主，并展开军备竞赛，包括开足马力发展核军备。核威慑固然遏制了新的大战爆发，而苏联研制的人类第一颗人造卫星发射成功震动了美国。其后，古巴导弹危机一度剑拔弩张，美苏两强不遗余力地在第三世界争夺势力范围，直至苏联入侵阿富汗，等等。美国很自然地将苏联视为头号对手，处心积虑地要把苏联打下去。到戈尔巴乔夫执掌政权，改革方向发生偏差，美国终于有了机会，施展手段推波助澜，最后修得"正果"，苏联瓦解了，美国成了世界唯一超级大国。

还在 1968 年，日本即已超越德国而成为世界第二大经

---

① 塞缪尔·亨廷顿："衰落抑复兴？"，美国驻华大使馆新闻文化处：《交流》1989 年第 4 期。

济体。至 20 世纪 80 年代,日本经济力量更加如日中天,"大手笔"地收购纽约洛克菲勒中心、好莱坞哥伦比亚制片公司等等,引起美国不少人士的惊惧,甚至有国会议员在国会会场当众砸碎日本电子产品以表愤怒。通过"广场协议",日元大幅升值,埋下祸根。后来,曾担任美联储主席的保罗·沃尔克和日本大藏省审议官的行天丰雄合著《时运变迁》,在书中,沃尔克写道,"按最近的生产率和增长率的趋势,在未来 20 或 30 年后,日本经济的实际规模将大于美国"[①]。但历史已经证明事实并非如此,未来也不可能。饱学才智之士如沃尔克者,竟也写出这样的话来,可见当时美国朝野人士对于自己被超越的担忧达到了何种程度。

由此我们看到,这就是美国以往对老二的所作所为,对此,人们心知肚明。不过,这并不意味着,老大和老二之间只能或只会是对立和对抗。今日的中美关系大不同于昔日的苏美关系,当年美苏两强各为一个集团之首,各率一个阵营,各有自己的经济联系和市场,美苏两强之间经贸关系的交集极少。今天的中美则不同,已经形成了你中有我,我中有你的密不可分的关系,每年的双边贸易额已达 5000 多亿美元,成为中美关系的压舱石,两国在各领域的交往都极其频繁密集。如果发生贸易战或军事冲突,一定是两败俱伤。

[①] Paul Volcker & Toyoo Gyohten, *Changing Fortunes: The World's Money and the Threat to American Leadership*. New York: Times Books, 1992, 289.

若相互合作，则有可能收获双赢，因此，"合作是唯一正确的选择"（习近平）。问题是，作为老大的美国念念不忘自己的独大地位，始终担心或不愿其他大国有一天取代自己的这一地位，我称之为"超级大国情结"，或曰"老大情结"亦可。一定程度上这是可以理解的。基于这一"情结"，美国一定会不遗余力地捍卫自己的老大地位，不会轻易允许他国与美国平起平坐。

三、与其不争，故莫能与之争

"与其不争，故莫能与之争"，这是老子《道德经》当中的话，其中蕴含着极为深刻的道理。

持平而论，中国并无意愿挑战美国的世界地位。中国的崛起是在现存国际秩序下的崛起，中国是这一秩序的受益者，也是贡献者。既然如此，中国没有理由去推翻这一自己从中获益了的国际秩序。同时，中国的确认为现存国际秩序中存在着不少不合理不公正的部分，发展中国家的声音及合理诉求没有得到足够的反映和表达，需要进行改革，故希望推动国际秩序向更为公正合理的方向发展。至于对美关系，中国认为这是一对事关全局的双边关系。在佛罗里达"习特会"期间，习近平主席向美方表示"我们有一千条理由把中美关系搞好，没有一条理由把中美关系搞坏"，这话首先是对特朗普说的，同时也可算是对自己说的。稳定健康的中美关系是客观现实的要求，也是中国和平发展的根本利益所决定的。

中国在现有秩序内的进一步上升是可以预期的。对美国而言，需要适应这一发展变化，这种适应需要经历一个过程。这个过程可能不会是平顺的，然而却是可控的。

事实是，在全球事务的一些领域中，中国正在逐渐发挥更大的领导作用，如在全球发展领域、气候变化领域、在G20进程中等等，这种作用会逐步扩大。在很多时候，中美两国会共同发挥领导作用。数年前，美国一些人士看到了中国力量增长和影响力扩大的现实，因而提出了中美建立起"两国集团"（G2）的设想，以共同管理或解决世界上的有关问题。但中国并未接受中美"两国集团"建议，主要原因是出于审慎。首先，若接受"G2"说，有可能在世界上造成中美两国联手"共治"全球的印象，表面上看好像是把中国的地位抬高了，实际上却有违中国历来倡导的大小国家一律平等、国际事务应民主协商等主张，不利于中国的世界形象。其次，接受G2，突出中美两国，不利于中国处理与其他重要力量如俄罗斯、印度、欧盟、日本的关系，给它们造成不良的心理感觉，同时也可能引起很多发展中国家的疑虑。再次，正如很常见的那样，还有人怀疑来自美国的这一设想是不是有意设圈套让中国往里钻？与此相类似，有人提醒中国注意不要被"捧杀"。所有这些，都使中国不愿接受G2这顶"桂冠"，今天看来这也是对的。

然而世界上的很多事务确实需要中美两大国合作共事。如果中美能合作，一些问题便好解决；如果中美不能合作，问题便不好解决。一些年来，中美之间围绕众多的第三方问题展开了各种对话和磋商，如中美亚太事务磋商、中美非洲事务磋商、中美拉美事务磋商，中美还共同加入了有关伊朗核问题的"6＋1"机制，就朝核问题加强协调，等等，这样的机制少说也有几十个。这就充分表明中美的沟通与合作已在十分广泛的领域中进行。

四、中国不必刻意追求领导地位

这里还涉及世界事务中的"领导"问题。

领导作用或领导地位在英文中是"leadership"，在汉语中，"领导作用"的语气比英语中似乎要强一些。领导作为一种行为和现象普遍存在于人类事务的各个领域中。而国际领导究竟意味着什么，需要进行细致的分析。

学者约翰·艾肯伯里认为，"领导是运用权力来统筹指挥集体的行动进而迈向一个共同的目标"[①]，这其中包含着领导者设定一套共同目标或原则的能力，以便一组国家能够以一致或协调的方式来界定并追求它们的利益。他还把领导分为结构型领导、制度型领导、情境型领导三种类型。学者陈志敏等把国际领导界定为"国际体系中的一个或多个行为体通过关键性影响力的运用，引领和推动国际体系的成员实现特定目标的行为和过程"[②]。他们认为，中国应

---

① G. John Ikenberry，"The Future of International Leadership"，*Political Science Quarterly*，111(3)，Fall 1996.

② 陈志敏，周国荣："国际领导与中国协进型领导角色的构建"，《世界经济与政治》2017年第3期，第15-34页。

不追求单边支配性的、自利的、强制性的和包办性的国际领导，而应坚持走集体协作的、共进的、吸引性的和赋权性的协进型国际领导路线。

这些都可谓精当之论，说明在美国学者较早研究了国际领导问题后，中国学界也已注意到并已在开展研究。有一种观点认为，中国还不是一个全球领导者（global leader）。一般性地这样讲，是没有错的。但仔细推敲，我以为很难截然地说是或不是，"有"领导或"无"领导。任何国家成为一个国际领导者，都是一个过程，且可能是一个相当长的过程。前已述及，从美国成为领导者的过程看，在很大程度上是两次世界大战把它推上世界巅峰的。在这一过程中，可能会经历波折。如果战略失当，甚至出现进程的中断，也不是没有可能。比如台湾问题的存在，对于中国就是一个关键性的隐忧。这一问题如果失控，其后果难以想象，解决这一问题需要极大的耐心和高度的智慧。决定一个进程能否顺畅，根本上还在于国内改革和建设能否持续而稳健地展开。国家建设成功了，才会具有吸引力，并有能力提供国际公共产品，这是国际领导的一个必要条件。

国际领导未必只由某一个国家承担，它可以是共同承担或分担的。共同的承担也未必是固定的组合，而可能有不同的组合。国际领导也未必是全方位的，而可能是部分的、分领域的。从过程看，它当然更是渐进的。

自然，规模较大、国力较强的国家更有可能和能力承担起领导责任。问题在于，这些较大的国家不总是一条心，它们有时一致，有时不一致；在这个问题上一致，在另一个问题上不一致。于是必然要经过各种互动、沟通、折冲、谈判乃至较量，从而成为一个十分复杂的过程。

当民粹主义甚嚣尘上、英国公投选择脱欧、激进民族主义者特朗普当选美国总统后，中国领导人在 2017 年初的达沃斯世界经济论坛上发出响亮的声音，针对逆全球化现象，指出全球化是一个客观趋势，对于世人来说，不是要不要全球化的问题，而是顺应和趋利避害的问题，应发挥好其正面效应，使不同国家、不同阶层、不同的人群能够普遍获益于全球化。

这一演讲，在世界面临向何处去的当口，表达了人们的普遍心声，是一种思想的引领或领导。作为一个在世界上有分量的国家，中国有责任、有必要发出这样的声音，发挥这样的引领作用。这样做展示了中国是一个负责任的大国。从各方面的反响看，也是基本积极和肯定性的回应。

对中国来说，并没有必要刻意追求做领导。做领导是要为众人（国）提供公共物品的，才能得到各方的认同和支持，而且做事要公正，否则缺乏公信力。再者，若本来就不具有领导的能力或条件，争也没有用。反之，若真有这种条件，不用自己去争，他国会自然要求你发挥作用。

这本是一个水到渠成的过程。当实力和影响力发展到一定程度时，领导可能就呼之欲出了。这时若不想发挥作用，有可能被认为不负责任了。这也许是最自然的发挥领导作用或成为领导者的时候，但仍然不是为了做领导而领导。正如我们在实际生活中所经常见到的那样，一个人出于对权力、地位的向往或为了某种抱负而一心做领导，等到做了若干年领导后又感觉不胜其烦，于是成为一种"围城"现象，外边的人想进去，里边的人想出来。个人如此，国家亦然。真的做了领导者，也许会感到"高处不胜寒"。①

中国曾经有过想做领导的时候，比如做亚洲"革命"的领导者，在"文革"期间甚至自以为是"世界革命的中心"，已被历史证明是一种虚幻。重新睁眼看世界后，中国认识到大力进行经济建设、发展生产力是当务之急，否则一切无从谈起，于是又从云端回落到地面，脚踏实地地发展经济。邓小平告诫，发展是硬道理，"到那时才有资格"谈论一些事情。1989 年，世界局势大变，一时似乎黑云压城，邓小平又告诫要韬光养晦，不扛旗，不当头，集中精力把自己的事情办好。当中国在大变局中稳住了阵脚后，邓小平到南方视察并发表重要谈话，中国改革开放出现了新的局面，经济总体上保持了快速健康发展势头。1997 年和 1999 年，香港和澳门先后回归祖国，国家统一事业取得重要进展。进入21 世纪后，中国经济继续保持较快增长，经济总量先后超越七国集团中的意大利、法国、英国和德国，到 2010 年又超越日本而成为世界第二大经济体。此时的中国一定程度上已具有邓小平所说的"资格"了。但即便如此，未来中国也

---

① 参见王缉思主编：《高处不胜寒——冷战后美国的全球战略和世界地位》，北京：世界知识出版社，1999 年。

应追求一种共享型的领导，强调领导权的共担、责任的共担、成果的共享。

五、共同发展，世界共赢

进入 21 世纪第二个 10 年后，中共十八大召开，新的中国领导层登上了历史舞台。2013 年，中国领导人先后提出了建设"丝绸之路经济带"和"21 世纪海上丝绸之路"的倡议，很快被合称为"一带一路"倡议。这是一个与其他各国谋求共同发展的重大倡议，其中蕴含着各种可能和机遇。

鉴于基础设施建设滞后是很多国家的共同瓶颈，而对基础设施建设的巨大需求和资金的可能供给之间存在很大的鸿沟，中国发起成立了亚洲基础设施投资银行（AIIB）。过去，多边金融机构、多边开发银行无不是在西方发达国家主导下成立和运作的。现在，由一个非西方的新兴国家发起成立多边国际机构，西方国家则先后加入其中，这是前所未有的事。它正体现了中国在发挥领导作用。

由五个金砖国家建立的新开发银行，是几个非西方的新兴发展中大国共同发起成立的，也是开风气之先的一举。尽管规模不大，刚刚起步，但在发展中国家间仍具有风向标的意义。

"一带一路"倡议提出后，中国出资 400 亿美元成立了丝路基金并于 2014 年底正式启动运作。设立丝路基金是中国利用自身资金实力支持"一带一路"建设的重要举措。丝路基金坚持市场化、国际化、专业化运作原则，积极创新投融资方式,发挥以中长期股权投资为主的特点,撬动各类资金参与"一带一路"建设。截至 2017 年 5 月,丝路基金已签约 15 个项目,承诺投资金额累计达到 60 亿美元,并单独出资 20 亿美元设立中哈产能合作基金,投资覆盖俄蒙中亚、南亚、东南亚、西亚北非及欧洲等地区的基础设施、资源开发、产业合作、金融合作等领域。

为推进"一带一路"建设,中国还发起召开了"一带一路"高峰论坛。首次高峰论坛于 2017 年 5 月成功举行,来自几大洲的 100 多个国家派代表与会,有 29 位国家元首或政府首脑出席会议,堪称盛况。习近平主席在开幕式演讲中宣布,中国将在未来三年向参与"一带一路"建设的发展中国家和国际组织提供 600 亿元人民币援助,建设更多民生项目。中国将向"一带一路"沿线发展中国家提供 20 亿元人民币紧急粮食援助,向南南合作援助基金增资 10 亿美元,在沿线国家实施 100 个"幸福家园"、100 个"爱心助困"、100 个"康复助医"等项目。将向有关国际组织提供 10 亿美元落实一批惠及沿线国家的合作项目。①

所有这些,或多或少都是中国思想中"独乐乐不如众乐乐"的反映,其中蕴含着既深刻又浅显的道理,即只有共同发展,才是解决世界上各种问题的根本之道。这也反衬了西方思想中的不足,比如,主要依靠军事手段反恐误入歧

---

① 习近平:"携手推进'一带一路'建设——在'一带一路'国际合作高峰论坛开幕式上的演讲",《人民日报》2017 年 5 月 15 日第 3 版。

途,引发了更进一步的问题,急风暴雨式地改变一个国家的政权,往往造成权力的真空、社会的失序,导致大批难民涌向国外,酿成难民危机。若干年来,我们已有很多次看到这类沉重的戏剧不断地在世界不同国家上演,凸显了西方思想中的缺失和西方式思维的捉襟见肘。就此而言,中国的共同发展理念必将发挥纠偏的作用。通过各国的共同发展,很大程度上将使相当多的问题、难题得到缓解或解决。这正是中国思想和发展经验所能贡献于世界的。

到2030年,中国应已实现全面小康社会目标,GDP有可能已超过美国,但GDP并不能说明太多问题,美国的平均发达水平、综合国力仍可能在中国之上,但中美之间的差距会进一步缩小,包括中国在内的新兴大国在一些领域逐渐发挥领导作用,"一带一路"建设取得明显进展,世界在力量配置方面因而相应地也在其他方面变得更为平衡。中国对世界做出更大贡献是可以期待的。

（载《学术前沿》2017年第7期）

周边外交:中国与周边国家

"一带一路"建设的展开

"丝绸之路经济带"和"21世纪海上丝绸之路"（合称"一带一路"）是在2013年提出的。[①] 早在2013年10月，国家发展改革委员会就会同外交部、商务部等多个部委研究落实推进"一带一路"建设有关事项。又经过次年的准备，"一带一路"建设在2015年得以充分展开，其目标是"今年实现良好开局"。一年间，"一带一路"建设取得了颇多进展。

"一带一路"倡议的决策和政治动力来自中国政治体系的最高层。2014年11月初，习近平总书记主持召开中央财经领导小组第八次会议，研究"一带一路"规划、发起建立亚洲基础设施投资银行和设立丝路基金。此后，中国领导人又在多个场合、利用各个机会与有关国家领导人深入交

[①] 已有众多人士对"一带一路"问题进行了解读和发挥，如《中国周边外交学刊》2015年第二辑即以"'一带一路'的战略定位与基本内涵"为该专辑的主题。本文应《中国周边外交学刊》之邀而作，狗尾续貂。

换意见,阐释"一带一路"的内涵和意义,争取就共建"一带一路"与各国达成共识,引起了各方总体积极的反响。2015年2月1日,推进"一带一路"建设工作会议在北京召开。会议的精神是,"一带一路"建设作为一项宏大系统工程,要突出重点、远近结合,有力、有序、有效推进,确保"一带一路"建设开好局、起好步。对"一带一路"如何展开,这次会议做了如下的表述。

(1)把握重点方向,陆上依托国际大通道,以重点经贸产业园区为合作平台,共同打造若干国际经济合作走廊;海上依托重点港口城市,共同打造通畅、安全、高效的运输大通道。

(2)抓好重点项目,以基础设施互联互通为突破口,发挥对推进"一带一路"建设的基础性作用和示范效应。

(3)畅通投资贸易,着力推进投资和贸易便利化,营造区域内良好营商环境,抓好境外合作园区建设,推动形成区域经济合作共赢发展新格局。

(4)拓宽金融合作,加快构建强有力的投融资渠道支撑,强化"一带一路"建设的资金保障。

(5)促进人文交流,传承和弘扬古丝绸之路友好合作精神,夯实"一带一路"建设的民意和社会基础。

与此同时,也要求保护生态环境,遵守法律法规,履行社会责任,共同建设绿色、和谐、共赢的"一带一路"。加强沟通磋商,充分发挥多边双边、区域次区域合作机制和平台的作用。扩大利益契合点,谋求共同发展、共同繁荣,携手推进"一带一路"建设。①

此前,中国政府已经成立了推进"一带一路"建设工作领导小组,指导和协调推进"一带一路"建设。领导小组办公室设在国家发展改革委员会,具体承担领导小组的日常工作。

也是在此前后,中国政府确定了"一带一路"建设的重点方向,决定着力推进六大国际经济走廊建设,即新亚欧大陆桥、中蒙俄、中国—中亚—西亚、中国—中南半岛、中巴、孟中印缅。就这六个重点看,它们均属于陆上丝路建设,海上丝路的体现并不鲜明,可见推进"海丝"的难度更大一些。就东南亚地区看,"中国—中南半岛"这一"经济走廊"所体现的也是中国与陆上东南亚国家的合作。

半年后的 7 月 21 日,"一带一路"建设推进工作会议在北京召开,会议旨在学习贯彻习近平总书记关于"一带一路"建设的讲话和指示,学习李克强总理的指示、批示、要求,总结前一段的工作,围绕重点方向、重点国家、重点项目,进一步研究部署下一阶段工作。② 会议强调,"一带一路"建设不是空洞的口号,而是看得见、摸得着的实际举措,将给地区国家带来实实在在的利益。"丝绸之路经济带"和"21 世纪海上丝绸之路"建设,将促进中国同沿线国家的贸易和投资,促进沿线国家互联互通和新型工业化,促进各国

---

① 《人民日报》2015 年 2 月 2 日第 1 版。
② 《人民日报》2015 年 7 月 22 日第 1 版。

共同发展、共享成果。

此前的 3 月 29 日，经国务院授权，国家发展改革委员会、外交部和商务部共同发布了《推动共建丝绸之路经济带和 21 世纪海上丝绸之路的愿景与行动》。中国倡导的"一带一路"有了一个纲领性文件。文件由前言和八个部分组成，分别阐发了"一带一路"提出和建设的时代背景、共建原则、框架思路、合作重点、合作机制、中国各地方的开放态势、中国积极行动、共创美好未来。其中对"一带一路"主要内容的表述体现为"五通"，即：

（1）政策沟通：沿线各国可就经济发展战略和对策进行充分交流对接，共同制定推进区域合作的规划和措施，协商解决合作中的问题，共同为务实合作及大型项目实施提供政策支持。

（2）设施联通：交通方面，优先打通缺失路段，畅通瓶颈路段，提升道路通达水平；能源方面，推进跨境电力与输电通道建设，积极开展区域电网升级改造合作；通信方面，共同推进跨境光缆等通信干线网络建设，畅通信息丝绸之路，规划建设洲际海底光缆项目。

（3）贸易畅通：解决投资贸易便利化问题，消除投资和贸易壁垒；加快边境口岸"单一窗口"建设，降低通关成本，提升通关能力；挖掘贸易新增长点，促进贸易平衡；加快投资便利化进程，消除投资壁垒；拓展相互投资领域，推动新兴产业合作；中国欢迎各国企业来华投资，鼓励本国企业参与沿线国家基础设施建设和产业投资。

（4）资金融通：扩大沿线国家双边本币互换、结算的范围和规模；共同推进亚洲基础设施投资银行、金砖国家开发银行筹建，有关各方就建立上海合作组织融资机构开展磋商；加快丝路基金组建运营；支持沿线国家政府和信用等级较高的企业以及金融机构在中国境内发行人民币债券；符合条件的中国境内金融机构和企业可以在境外发行人民币债券和外币债券，鼓励在沿线国家使用所筹资金。

（5）民心相通：教育文化上，中国每年向沿线国家提供1万个政府奖学金名额，联合申请世界文化遗产，提高沿线各国游客签证便利化水平，支持沿线国家申办重大国际体育赛事；医疗卫生上，提高合作处理突发公共卫生事件的能力，为有关国家提供医疗援助和应急医疗救助，扩大在传统医药领域的合作；科技合作上，共建联合实验室（研究中心）、国际技术转移中心、海上合作中心，合作开展重大科技攻关。[①]

在一年左右不长的时间内，"一带一路"的建设取得了积极进展，表现在：

（1）高层引领推动，与外方达成合作共识。习近平主席、李克强总理等中国领导人先后出访巴基斯坦、印度尼西亚、俄罗斯、哈萨克斯坦、白俄罗斯、土耳其、菲律宾、马来西亚等多国，出席中阿合作论坛第六届部长级会议、东亚领导

---

① 国家发展改革委员会，外交部，商务部："推动共建丝绸之路经济带和21世纪海上丝绸之路的愿景与行动"，《人民日报》2015年3月29日。

人系列会议等。中方主办了加强互联互通伙伴关系对话会,就双边关系和地区发展问题,多次与外方国家元首和政府首脑进行会晤,沟通"一带一路"的内涵和共同发展意义,在相当程度上达成了共识。多个国家已开始从战略规划的层面积极谋划,沿线的 10 多个国家已经与中国开始了较大规模的产能合作。有的国家还设立了专门的部门或岗位来与"一带一路"建设对接。

(2)签署合作协议,推动双多边合作。与哈萨克斯坦、塔吉克斯坦、卡塔尔签署了共同推进"丝绸之路经济带"和"丝绸城"有关合作的备忘录,与俄罗斯签署了地区合作和边境合作的备忘录。研究提出了中(国)哈(萨克斯坦)、中(国)吉(尔吉斯斯坦)毗邻地区合作规划纲要。

(3)沟通磋商,推动重点项目建设。积极与沿线有关国家沟通磋商,在基础设施互联互通、投资贸易合作、金融、人文、生态环境保护等领域,推进了一批条件成熟的重点合作项目建设。包括中俄同江铁路桥、中巴瓜达尔港东湾快速路、中哈连云港物流中转基地等在内的基础设施互联互通项目得到推进。中国同俄罗斯、马来西亚、白俄罗斯等合作建设的一批产业园区有序启动。

(4)统筹各种资源,完善政策措施。中国努力统筹国内各种资源,强化对"一带一路"建设的政策支持。如推动亚洲基础设施投资银行筹建,发起设立 400 亿美元规模的丝路基金,强化中国—欧亚经济合作基金投资功能,推动银行卡清算机构开展跨境清算业务和支付机构开展跨境支付业务等。

(5)各地方积极响应,社会广泛支持。自"一带一路"倡议提出以来,中国各地方积极行动,根据自身情况或各自的区位优势,在组织力量开展研究的基础上,提出了参与"一带一路"建设的总体思路,以多种方式凝聚"人气"。譬如2015年12月,在北京举行了孟中印缅地方政府合作论坛,它是为配合孟中印缅经济走廊倡议,从地方政府层面实现共创机遇、共享繁荣的创新举措,旨在进一步加强孟中印缅四国地方交流合作,推动孟中印缅经济走廊项目加快实施。除了互联互通与区域发展的主体论坛,论坛还设立了孟中印缅城市推介会、企业项目推介会等。

在东南亚方向,中国与大陆东南亚国家的互联互通取得进展。2014年底,泰国国家立法议会批准中泰铁路合作谅解备忘录草案。据此,中国将参建泰国两段铁路,并最终与即将修建的中国-老挝万象铁路相连,历时数年的中泰铁路建设合作获得实质性进展。2015年12月,中老铁路老挝段(磨丁至万象)和中泰铁路相继进行了开工奠基。

"一带一路"沿线有60多个国家,总人口约44亿,GDP约21万亿美元,分别占世界的63%和29%。受资源禀赋、产业基础、地缘政治等因素的制约,一些国家在发展进程中明显落伍。沿线国家人均GDP约为世界平均水平的

48％，一些国家是低收入国家，还有 9 个是最不发达国家。① 很显然，一些国家基础设施落后，产业和社会事业的发展水平低。有的国家的主要工业城市和经济中心城市，一天最多只能供 4 到 6 小时的电。有的国家两城市间 560 公里路程，人们需要颠簸 16 个小时才能到达，如此等等。"一带一路"建设有利于沿线国家发挥各自比较优势，把经济的互补性转化为发展的推动力。

为此，"一带一路"建设将提供有力的资金支持。亚洲基础设施投资银行（简称亚投行）的筹建是一大亮点。2014 年 10 月，首批意向创始成员国签署了筹建亚投行备忘录，其中包括一致同意将其总部设在北京。亚投行的筹建工作以各国财政部参与的谈判代表会议为主渠道，以亚投行筹建多边临时秘书处为技术支撑机构。2015 年 1 月 15 至 16 日，亚投行意向创始成员国在印度孟买举行了筹建亚投行的第二次谈判代表会议，各方就亚投行章程草案进行了首轮磋商。各方又商定将 2015 年 3 月 31 日作为接收新意向创始成员国的截止日期，3 月 31 日之前未能申请加入的国家今后仍可以作为普通成员加入亚投行。此后，各方又先后在北京和新加坡举行了两次谈判代表会议，于 6 月底前完成了章程谈判。在此过程中，亚投行的筹建也遇到了来自某些国家尤其是美国的明里暗里的阻挠。然而，3 月 12

---

① 这是中国国际经济交流中心常务副理事长张晓强给出的数字，见《人民日报》2015 年 4 月 13 日第 6 版。

日欧洲大国英国宣布申请加入，成为亚投行意向创始成员国中的第一个西方大国，随后，德国、法国、意大利、瑞士、卢森堡等国家也都提出申请。大势所趋，至为明显。在这一大趋势面前，原先持反对态度的美国不得不改弦更张，3月底派遣财政部长雅各布·卢来到中国沟通，缓和了态度。

6月29日，57个意向创始成员国代表在北京出席了《亚洲基础设施投资银行协定》签署仪式，不过当天57国政府代表并没有全部签署协定。按照规定，未走完程序的国家应在2015年底前完成协定签署。同时，各意向创始成员国还应在2016年12月31日前完成本国立法机构批准，此后才能成为亚投行创始成员。之后，经成员国陆续批准，于2015年底正式成立亚投行。亚投行将是一个深化互联互通、推动"一带一路"建设的多边开发机构。[①] 2015年12月25日，亚洲基础设施投资银行正式成立。

此前，丝路基金有限责任公司已正式运行。目前，丝路基金规模为400亿美元，投资方除了中国人民银行，还包括国家开发银行、中国进出口银行和中国投资有限责任公司。丝路基金不是援助性或捐助性的资金，而是坚持市场化的原则，投资有效益的项目，实现中长期合理的投资回报，维护好股东的利益。

这也是"一带一路"的原则，即坚持市场导向，遵循市场

---

① 亚洲基础设施投资银行多边临时秘书处秘书长金立群语，见《人民日报》2015年3月25日第23版。

规律和国际通行规则，发挥市场在资源配置中的决定性作用，同时也发挥好政府的作用。企业是"一带一路"建设的主体，也是开展务实合作的主要参与者。"一带一路"的主管部门国家发展改革委员会认为，要发挥骨干企业带头作用，吸引上下游产业链的转移和关联产业的协同布局，建立研发、生产、营销体系，提升产业配套能力和综合能力。鼓励到境外建设产业园区、科技园区、经贸合作区等，通过专业化园区运营整合各类生产要素，搭建产业合作平台，吸引企业入园投资，促进集中布局，集群发展。也将规范企业走出去行为，鼓励企业树立社会责任意识，尊重和保护知识产权，严格保护生态环境，积极帮助当地经济发展和民生改善，树立良好的中国企业形象。①

有学者根据新近的发展，提出了"新大陆主义"一说。"新大陆主义"是相对于旧大陆主义而言的。旧大陆主义的核心是政治而非经济，表现为中苏关系破裂前的状况，当时的中国和苏联之间政治军事联系非常紧密。而新大陆主义则以经济和能源为基础。侧重点的不同是新旧大陆主义的重要差别，不过更重要的是，两种大陆主义的地缘政治影响不同。新大陆主义带来了新的地缘政治，横跨欧亚大陆的中国和欧洲再次形成了历史性的直接联系。如果通过铁路、输电线路、天然气管道连接中国和中西亚地区，如果中国的能源供应来自土库曼斯坦、俄罗斯，特别是伊朗、海湾

---

① 参见《人民日报》2015 年 4 月 13 日第 6 版。

地区……这种联系所带来的经济、社会和政治变迁是深刻的。这意味着,通过基础设施建设,能够在中国和欧洲之间,跨越广阔的中西亚大陆腹地,建立起一种结构性的联系。这种联系比单纯的贸易联系更加稳固,更具基础性。[①]

如果说,"西进"一语形象地表达了中国在 21 世纪第二个 10 年期间新的战略取向选择,那么,"新欧亚倡议"可能是一个更好的术语。如今,中国的眼光更多地转向了广大的欧亚大陆腹地。"一带一路"倡议的落地和推进,展开了一幅更为广阔的历史画卷。这是新的地缘经济,也是新的地缘政治。

(载《中国周边外交研究报告(2015－2016)》,北京:世界知识出版社,2016 年)

[①] "'新大陆主义'将发挥更加深远的影响——约翰·霍普金斯大学东亚研究中心主任肯特·卡尔德教授访谈",《社会科学报》2015 年 9 月 10 日第1 版。

"一带一路"与国际公共产品的提供

　　"一带一路"是当下中国名副其实的热词。2013年下半年,习近平主席在出访哈萨克斯坦期间,公开提出了建设"丝绸之路经济带"这一重要倡议。稍后又在印度尼西亚访问期间,提出了建设"21世纪海上丝绸之路"的新倡议,引起国内外广泛关注。哈萨克斯坦和印度尼西亚,分别位于这"一带"和"一路"的重要方位,在这两国分别公布两大主动倡议,可谓十分合适。很快,两项重大倡议就被合称"一带一路",理所当然地受到各方密切关注。短短一年多时间来,"一带一路"构想的细化和落实有了扎实的进展,其发展速度与中国经济的连续高速增长一样,使人为之惊叹。

　　"一带一路"倡议,毫无疑问是中国在21世纪的重大举措,也将成为习近平执政时代的一个重要标志。过去多年间(尤其是十八大前的10年间),人们围绕"韬光养晦,有所作为"这"八字方针"展开过各种讨论和争论,讨论的结果,是增加了四个字,成为"坚持韬光养晦,积极有所作为",意即韬光养晦的精神不能丢弃,但重心应更多地放到后面的

"有所作为"上。十八大以来，随着习近平时代开启，中国的内政外交迅速展现出了新的气象，各种新思想、新举措不断推出，给人以应接不暇之感。在国内，反腐败行动一浪高过一浪，而就对外战略、与外部世界的关系而言，则可说进入了一个奋发有为的阶段。

人们常常把当今中国的"一带一路"与第二次世界大战后美国的"马歇尔计划"相提并论。的确，二者之间是有相通之处的。二战期间，欧洲各国受到战争严重创伤，战争结束后满目疮痍，百废待兴。此时的美国，已经跃升为世界头号经济政治和军事强国，有能力也有意愿帮助西欧实现经济复兴。美国的"复兴欧洲"计划在经过了至少数月的精心研究和设计后，由时任国务卿乔治·马歇尔在哈佛大学毕业典礼上发表演讲的方式推出，因而被称为"马歇尔计划"。从1948年4月到1952年6月底"马歇尔计划"实施期间，美国共拨援款131.5亿美元。这可称是一笔巨款，尤其在当时，其中90%是赠予，10%为贷款，英、法、西德、意大利四国获得全部援助的60%。"马歇尔计划"的实行，对于战后西欧复兴发挥了重大作用，这是事实。但"一带一路"与"马歇尔计划"也有重要的不同，这就是21世纪中国的"一带一路"是在全球化条件下合作共赢的重大尝试，它涉及更多的国家（至少包括"一带一路"沿线65个国家），持续时间将更长，旨在实现沿线国家的共同发展，也是迄今为止最大规模的南南合作举措。"一带一路"，一条陆上，一条海上，向西延伸，连接欧亚大陆及海上各国。

"一带一路"的要义,是为亚欧沿线各国提供发展机会和公共产品。所谓公共产品,它的消费是集体进行、共同展开的,它具有非排他性、非拒绝性和非竞争性三个特征,任何消费者对公共产品的消费都不影响其他消费者的利益。而区域公共产品是指在某一特定区域内供给和消费、其利益惠及整个地区的国际性公共产品。它的特性简而言之就是公共性,它是通过一套制度安排为成员所共享的。

就目前而言,已经提出的"一带一路"主要内容为"五通",即政策沟通、设施联通、贸易畅通、资金融通、民心相通,其中每一方面都有很丰富的内容。在未来一个时期,最为突出和抢眼的很可能是基础设施的互联互通。要实现亚洲的共同发展,在基础设施建设方面需要巨大的投入,而现有的世界银行、亚洲开发银行等在有关政策和供给能力上都满足不了这一巨大需求,存在一个很大的缺口。因此,中国倡议和发起亚洲基础设施投资银行(AIIB)可以说适逢其时,切合了亚洲发展的实际需要。因此之故,自提出后也很快得到了不少国家的响应,它们将成为创始成员国。3月12日,欧洲大国英国正式表示愿意加入亚投行并递交了确认函,成为西方七国中申请加入亚投行的第一国,引发关注乃至震动,美国对此表达了不满。作为亚太地区的较发达国家,韩国和澳大利亚一时未做出决定,不过从一段时间的表态看,也倾向于加入亚投行,但尚顾忌美国的反对和阻挠,不排除未来某个时候做出加入的决定。(后韩、澳两国都决定加入亚投行——附注)

美国对"一带一路"的满腹狐疑和反对,原因在于,在它看来,亚投行的成立对其主导的国际发展大格局将产生某种冲击。战后70年来,美国一直主导和左右着世界银行,世行行长始终由美国政府任命。1967年成立的亚洲开发银行则是由日美两国共同掌控的,日本为最大股东,行长由日本政府任命。在多年间,这两家银行对国际发展事业都做出了一定的贡献,但仍无法满足亚洲发展的巨大需求,这也是事实。成立亚投行,为亚洲各国基础设施建设提供必要的帮助和资金技术支持,属于提供国际公共产品,因为它是各成员所共建和共享的,正因如此,它受到了广泛欢迎。亚投行并非要取代现有的机构,而是一种补充,美国抱持反对的态度是没道理的,是出于一种狭隘的心理,终究无法阻挡亚投行的起步和成长。

显然的是,"一带一路"的建设不是短期可成的,而需要长期建设,必须讲求内生发展,即沿线国家出于一种内在的需要而携手共建"一带一路",契合相关国家的发展战略,与其对接,方能形成紧密的联系与结合,从而保证"一带一路"的建设具有持久的动力。在此过程中,应注意避免出现如下两种情形。

首先,"一带一路"建设要避免一哄而起,大干快上。这种现象过去曾不止一次地在我国出现过。我们要防止这种情况再出现。要保持定力,不求快,但求好,扎扎实实,一步一个脚印向前推进,切忌运动式的大干快上。一段时间来,孔子学院的发展在一些国家遇到挫折,一定程度上与这种心态有关。"一带一路"若能有早期收获当然好,但更应注重的是长期效果。要积以时日,稳步推进,方能行稳致远。二是牢牢把握住共同获益,尊重所在国家的传统和民众愿望,重视保护当地自然环境。这方面也曾有过经验教训。中国企业"走出去"毕竟还处于初期阶段,经验不足,有过挫折,这当然并不可怕。中国企业"走出去"会不可避免地经历一个学习的过程。重要的是及时总结经验,并且分享这些经验,从而未雨绸缪。再如,随着中国经济发展阶段的提升,地区间的产业转移是不可避免的,"一带一路"在建设过程中也会包含产业转移,从而形成一种适度的产业分工。但一定要注意污染产业的转移可能带来消极影响,一定要在建设的同时做好排放物的去污化和清洁化工作,避免污染的转移,使"一带一路"为相关国家的广大民众所认可和接受,使这一建设走得稳、走得远。

（载《文汇报》2015 年 3 月 30 日）

三大峰会与中国外交新取向

　　本文所说的"三大峰会"，是指 2014 年 11 月先后举行的 APEC 中国北京峰会、东亚合作缅甸内比都峰会，以及 G20 澳大利亚布里斯班峰会。在这三次受到世人瞩目的重要峰会中，中国都发挥了积极而活跃、建设性的作用，展现出在以习近平为首的中国新领导层主政下中国外交积极进取、奋发有为的若干特征。

　　首先，中国在峰会议程设定方面发挥了引领作用。

　　世界上有众多的多边国际机制或会议。从以往情形看，西方发达国家在这些机制或会议的议程设定方面往往发挥主导性作用。这在某种意义上说是不可避免的，然而却是不平衡的反映，是世界事务中力量失衡的表现。若仔细观察，这一情形正在发生微妙而重要的变化。在此次 APEC 北京会议前后，中国作为东道国开展的"主场外交"可谓有声有色，突出表现在推动把"亚太自贸区"（FTAAP）列为本年度的主要议题之一，并推动各方确定和通过了亚太自贸区建设路线图。

在 APEC 框架下建设亚太自贸区的设想由来已久,但正式被 APEC 各经济体领导人接纳还是在 2006 年,美国是主要倡导者。自那时以来,总的来看,"亚太自贸区"问题谈论较多而实际步骤甚少,呈现出一种疲软状态。一段时间以来,本地区出现了范围不同、成员不一的多个区域合作机制,并且隐隐地呈现出"静水流深"的地缘经济与政治竞争。自 2009 年以来,美国加入并积极推进"跨太平洋伙伴关系"(TPP)谈判进程,参与谈判的共有亚太地区 12 个国家,中国未受邀请,不在其中。与此同时,亚太 16 国正在谈判商签"区域全面经济伙伴关系"(RCEP)协定,计划在 2015 年年底前完成谈判,美国非谈判方。由于中美两大国在亚太和全球存在一定程度的竞合关系,使得不同区域合作机制之间也呈现出某种竞合状态。这一情形不利于区域合作机制的健康成长和有关国家间的相互信任建设。在此情况下,推动涵盖 21 个经济体、有关各方都在其中的"亚太自贸区"向前迈进,不失为一个明智的选择。构设中的亚太自贸区覆盖全地区,将有助于不同合作机制间的接榫,淡化竞争色彩。此次 APEC 北京会议,决定启动和推进亚太自贸区进程,批准《亚太经合组织推动实现亚太自由贸易区路线图》。这是朝着实现亚太自由贸易区方向迈出的实质性一步,标志着亚太自由贸易区进程正式启动。这一重要发展是跟中国的主动行动分不开的。

其次,中国正以前所未有的力度努力提供国际公共产品。

在举行于缅甸内比都的第九届东亚峰会上,李克强总理代表中国主张加快东亚互联互通。中方提出建设"丝绸之路经济带"和"21世纪海上丝绸之路"的倡议,就是要加强传统陆海丝绸之路沿线国家互联互通,共同发展。

中国思想一向重视"大势"。一段时间来,中方提出多项有关倡议,正是抓住了本地区发展的大势。近年来,中国周边地区矛盾和摩擦频发,国际上议论纷纷,好像和平与发展已经不是东亚地区的主流了。若不加重视,随波逐流,任其发展,确有可能出现不符合各方及地区总体利益的局面,因而必须保持清醒头脑,把握地区前进的大方向。实际上,在纷繁的表象背后,东亚各国都在谋求国家发展。发展二字才是其共同利益所系,是各国共同的优先事项。正因如此,中国发起主动倡议,共同筹建亚洲基础设施投资银行(AIIB),这是摸到了地区互联互通巨大需求的脉搏及其所要求的基础设施建设必须先行的规律。筹建AIIB,其着眼点就在于着力解决地区基础设施建设融资难问题。倡议提出后,得到多国积极反应,但也有些力量满腹狐疑,甚至要求与其关系密切的国家慎重考虑,其意甚明。然而,本地区各国相互合作、谋求发展的大势毕竟是难以阻挡的。印尼已于11月底签署了加入亚投行的谅解备忘录,从韩国领导人在北京APEC会议前后的表态看,韩国也很有可能在2015年年底AIIB正式启动前成为该行的创始成员国之一。再看澳大利亚,在中澳FTA结束实质性谈判后,也不是没有可能经过考虑后做出明智的决定。事实上,现有的亚洲开发银行和世界银行在发展方面都发挥了积极作用，但又都无法很好满足亚洲发展中国家的需求，尤其是基础设施建设方面的巨大需求。正如李克强总理指出的，亚投行将与亚行、世行等现有机构形成互补，共同发挥作用。中方还宣布出资 400 亿美元成立丝路基金，为"一带一路"沿线国家基础设施建设、资源开发、产业合作等有关项目提供投融资支持，其中优先支持基础设施建设。

这种种措施，都反映了中国努力提供地区公共产品的政策思想。中国历来主张共同发展，尤其注重维护发展中国家的合法权益。30 多年来，中国的改革开放取得了巨大成就，今天的中国已是世界第二大经济体。尽管中国 GDP 的质量还有很大的提升空间，但中国已有一定的能力提供公共产品，乐意帮助周边邻国实现国家发展，欢迎周边国家搭乘中国发展的便车和快车。在此次东亚峰会上，中方宣布将向东盟国家提供 100 亿美元优惠性质贷款，并启动中国－东盟投资合作基金二期 30 亿美元的募集。中国国家开发银行还将设立 100 亿美元的中国－东盟基础设施专项贷款。毫无疑问，这些举措都将有助于实现地区互利共赢。共同发展兴旺起来了，本地区的矛盾和摩擦也就相应地下降了。APEC 会议前，中央财经领导小组会议专门讨论"一带一路"建设，确定将加大对外援助力度。显然，外援更是一种公共产品。中国提供的公共产品越多，中国作为负责任大国就更有说服力，中国作为维护和平和发展的力量就更深入人心。由此而来，本地区的向心力及和谐度也必将得到增强。

再次，中国积极推进周边互联互通建设。

在 APEC 领导人北京会议前，中国主办了东道国互联互通伙伴关系会议，受邀国家均非 APEC 成员但都是中国的邻国。会议指出，经济建设和改善民生是亚洲各国的优先任务，深化亚洲各国经济合作与和平发展、推进区域一体化是亚洲人民的共同意志。在国际金融危机影响犹存条件下，外部需求不足，对资本、市场和技术的竞争日趋激烈，亚洲国家面临不进则退的压力。在此形势下，互联互通有利于寻找新增长点和培育新竞争优势，是亚洲合作与持续繁荣的新动力。非常重要的一点是，会议指出 21 世纪亚洲互联互通是"三位一体"的联通，包括交通基础设施的硬件联通，规章制度、标准、政策的软件联通，以及增进民间友好互信和文化交流的人文联通，涵盖政策沟通、设施联通、贸易畅通、资金融通和民心相通五大领域。而基础设施建设是互联互通的基础和优先。

这"三位一体"说，进一步丰富了亚洲互联互通的内涵，提出了亚洲互联互通未来的任务和努力方向，也展示了本地区未来的前景。只要亚洲国家能牢牢把握共同发展的大方向，未来亚洲的良性发展就是完全可期待的。

此外，APEC 领导人会议之前举行的财长会还通过了《APEC 区域基础设施 PPP 实施路线图》。PPP（Public-Private Partnership）即"公私合作关系"，是公共基础设施项目（如电信系统、机场和电厂）的一种筹资模式。APEC

区域既有着巨大的基础设施需求,又面临有限的公共财政资源制约。在这一背景下,PPP 无疑是一种新的、有别于传统政府采购模式发展基础设施的可行模式。这次,中国除了宣布已建立国家层面的 PPP 中心,还决定利用在亚洲开发银行设立的中国减贫和区域合作基金中的 500 万美元,支持 APEC 发展中国家在基础设施 PPP、区域合作和互联互通领域的能力建设和项目开发。

同样,在 G20 框架下,各国共同支持"全球基础设施倡议",以促进公共和私人部门对基础设施的高质量投资。G20 各国将继续同多边开发银行合作,并鼓励各国开发银行,通过优化资产负债表的方式提供额外贷款,并确保 G20 在基础设施领域的工作惠及低收入国家。为确保倡议的实施,G20 各国同意成立全球基础设施中心,为政府、私人部门、开发银行和其他国际组织提供分享知识的平台和网络。这是中国 G20 其他成员的共识。

最后,中国坚持开放理念,正积极参与和完善全球经济治理。

G20 占全球三分之二人口、90％的国内生产总值和80％的全球贸易量,在全球经济治理和经济格局中的地位举足轻重。在 G20 布里斯班峰会上,中国提出要继续"做全球自由贸易的旗手,维护多边贸易体制,构建互利共赢的全球价值链,培育全球大市场"。中国主张继续反对贸易和投资保护主义,推动多哈回合谈判。推动各种自由贸易协定做到开放、包容、透明、非歧视,避免市场分割和贸易体系分化。[①] 同时还提出 G20 要做"世界经济的稳定器、全球增长的催化器、全球经济治理的推进器"。从现实看,推动全球治理改革很不容易,2010 年通过的国际货币基金组织和世界银行的份额改革安排至今未能得到落实,直接原因在于美国国会对此持消极态度,至今没有绿灯放行。这也折射出美国国内政治的困局。

在布里斯班峰会上,中国宣布,根据 G20 在数据透明度方面的共识,中国将定期发布石油库存数据。中国计划 2030 年左右达到二氧化碳排放峰值,到 2030 年左右达到非化石能源占一次能源消费比重提高到 20% 左右,同时将设立气候变化南南合作基金,帮助其他发展中国家应对气候变化。

在布里斯班峰会前后,中国和韩国宣布结束中韩 FTA 实质性谈判,中国与澳大利亚宣布实质性结束自贸协定谈判。中澳自由贸易协定谈判启动于 2005 年 4 月,经历了长达近 10 年的谈判,终于实现了突破。这是继中韩自贸协定后,中国与亚太地区较发达经济体结束的另一个全面、高水平的自由贸易协定谈判。协定范围涵盖货物贸易、服务贸易、投资和规则共 10 多个领域,包含了电子商务、政府采购等"21 世纪经贸议题"。在开放水平方面,澳大利亚对中国所有产品关税最终均降为零,中国对澳大利亚绝大多数产

---

① "推动创新发展 实现联动增长——习近平在二十国集团领导人第九次峰会第一阶段会议上的发言",《人民日报》2014 年 11 月 16 日第 1 版。

品关税最终降为零。服务领域，彼此向对方做出涵盖众多部门、高质量的开放承诺。投资领域，双方自协定生效日起相互给予最惠国待遇，同时大幅降低企业投资审查门槛，增加企业投资的市场准入机会、可预见性和透明度。

由以上三大峰会及相关情况，可以看到，在中国新领导层主政下，中国外交有所作为的一面日益鲜明和突出，提出的各项倡议都堪称大手笔，其数量之多可说前所未有，令人目不暇接。所有这些发展，显示了中国新外交的特性。

（1）主动性。中国外交变得更为积极主动，以"主场外交"推进和启动"亚太自贸区"进程便是其中的一个代表。"亚太自贸区"理念并非中国首创，它原本就已被 APEC 各经济体所接受并已出现在 APEC 的议事日程上，然而问题在于缺乏推动力。中国发挥主场外交优势予以大力推进，使之落到实处，在操作上十分自然，也顺理成章，具备较好的条件。中国抓住了这个机遇，并且与 APEC 其他经济体一道共同制定了亚太自贸区建设路线图。如此积极主动发挥引领作用，是中小国家难以做到的。此外，创设亚洲基础设施开发银行、成立丝路基金等积极举措也都体现了这种主动意识。

（2）前瞻性。这次 APEC 会议的主题就是"共建面向未来的亚太伙伴关系"，中国以主场推动了《APEC 推动实现亚太自贸区路线图》的制定，把早前确立的长期愿景转化为有力行动，显具前瞻性，其中包含着开放的精神。中国想要成为一个什么样的国家？回答不可能是简单的，但可以肯定,其中之一在于它将是开放的。"开放"包含有丰富的内容,对内对外都开放。中国倡议的亚洲基础设施投资银行(AIIB)也是开放的,欢迎更多的国家加入进来。

(3)领导力。与美国经常表现出的自命不凡不同的是,中国一向不太习惯也不熟悉"领导作用"(leadership)一语。但在当前的实践中,可以看到中国正在逐步发挥这样一种作用。比如中国在 G20 中举起了自由贸易的旗帜,就是一个表现。"自由贸易"作为一种理念和原则,是谁都难以反对的,它作为一种思想或方针有较高的认可度。中国是现如今世界上自由贸易的坚定支持者。由此可见,中国固然是区域合作和全球合作的"受益者",但更是一个"积极倡导者和推进者",这是一个意味深长的变化。

未来,中国将在 2016 年担任 G20 峰会主办国,2015 年、2017 年则为"三驾马车"①成员,也就是说,从 2015 年起的三年间,中国将是 G20"领导班子"的成员,这将为中国在全球治理中进一步发挥领导力提供机遇。

(载《世界知识》2015 年第 1 期)

---

① 即 G20 的当年主办国加上前一年的主办国和下一年的主办国,三者相互协调和沟通。

发展周边制度依托

中国崛起于世界,其效应持续发酵,并仍在进一步扩大。像中国这样一个大国的发展变化,其影响必然不同于过去亚洲新兴工业化经济体也即通称的"亚洲四小龙"的崛起,它所引起的各种内外交织的以及经济的、政治的、战略的、心理的等各个方面的巨大影响,是异常深刻而广泛的。正因为如此,它所引起的外部反应也必然是复杂而巨大的,这种巨大的影响有时是连中国自身都未估计到的。这一过程并未完结。中国与外部世界之间的互动构成了一种相互影响和相互塑造的关系,呈现为一种极为纷繁复杂的状态,各种行动—反应—再反应,循环往复,事态如何或由哪一方引发或决定,经常难以分清头绪。但无论如何,构建一个和平安宁的周边环境,应是我们的战略目标之一。

从十六大到十八大,我们形成和发展了关于周边工作的重要战略思想。十六大确定要加强睦邻友好,坚持与邻为善、以邻为伴,加强区域合作,把同周边国家的交流和合作推向新水平。十七大重申将继续贯彻与邻为善、以邻为伴的周边外交方针,加强同周边国家的睦邻友好和务实合作,积极开展区域合作,共同营造和平稳定、平等互信、合作共赢的地区环境。不久前召开的十八大宣布"我们将坚持与邻为善、以邻为伴,巩固睦邻友好,深化互利合作,努力使自身发展更好惠及周边国家"。作为我国位阶最高的正式文件,连续三次党的代表大会报告都有"与邻为善、以邻为伴"这句话,可见它是一项长期的方针,是一以贯之的,问题是如何在我对外关系的实践中贯彻好这一思想,使其落到实处并体现于各种具体事务的处理中,并平衡好与其他方面的关系。

三年多来我国周边事态频发,迫使我们重新思考周边问题和周边外交。

中国所面临的周边环境之复杂,在世界各国中可以说罕有其匹。在陆上,我国与 14 个国家接壤,隔海相望的还有若干个国家。多年来,尤其是改革开放以来,我们与陆上邻国陆续成功地解决了多个领土争端和陆地划界问题,现仅剩与印度和不丹有待解决。但海上划界基本未曾进行,因而积累起了诸多矛盾和问题,一部《联合国海洋法公约》更增加了问题的复杂程度,它与历史权利、实际利益等错综交织,使争议更为扑朔迷离。这些事态和发展,在一定程度上是由域外大国的行动所引起,但这并非问题的全部。

过去 20 年,我国周边外交成绩巨大,为世所公认,其成功经验是十分宝贵的,我们应及时总结,努力继承。其中经验之一是建立制度纽带,与邻近国家一起形成对共同利益的认识和追求。从理论上看，共同利益的存在并不一定就能产生合作，还需要有一定的制度框架。这是因为，在单次博弈条件下，博弈的双方或多方难以骤然形成互利认知，开启良性互动。而在多次博弈条件下，互动行为多次发生，这一过程有助行为各方对彼此的行为和合作的收益形成正预期，而制度正可发挥这样一种作用。制度框架确立后，决定了各方需要定期举行会议，一起探讨它们的共同利益，这为合作的产生提供了可能。

当前东亚区域合作机制的形态，在形式上是以东盟为中心的，每年的东亚领导人系列会议，都是在当年的东盟主席国举行，东盟峰会首先召开，然后分别举行东盟与对话伙伴国（中国、日本、韩国、美国等）的领导人会议，以及13国范围的东盟加三（中日韩）峰会、18国范围的东亚峰会等，类似一个同心圆结构。东盟所发挥的这种作用是各方都能接受、中国所坚定支持的。值得一提的是，东盟加三（10＋3）还发挥了孵化器的作用。中日韩三方合作就是在10＋3合作进程中孕育和成长起来的，开始于1999年三国领导人的早餐会，后开始在三国之间（而不是在某个东南亚国家）轮流举行领导人会议。2010年，三国合作秘书处在韩国首尔设立并运作，来自三国的约20名工作人员专职从事三国合作，在制度化方面迈出了重要一步。2012年11月，三国宣布将启动自贸区谈判，以中日韩三国合作为先导的东北亚区域合作将有望出现一个新局面。

另一个晚近的重要发展是"区域全面经济伙伴关系"

（RCEP）谈判的宣布。东亚自贸区究竟在 13 国还是在 16 国（东盟 10 国、中、日、韩、澳、新西兰和印度）范围内建设已讨论多年，RCEP 的宣布意味着东亚各国已经做出抉择，即它们将在上述 16 国范围内共同建设东亚自贸区。按目前的时间表，各国将于 2013 年上半年启动谈判，并在 2015 年年底完成谈判，之后进入实施阶段。我国已宣布将参加"区域全面经济伙伴关系"谈判。由此，东亚区域内各国间的互利合作和联系纽带将得到进一步加强。

发展周边制度依托，必将有利于我国构建和平安宁的周边环境。

（载《光明日报》2013 年 1 月 9 日）

"10＋1"的再出发

这里的10＋1,是指东盟加中国。2013 年是中国和东盟建立面向和平与繁荣的战略伙伴关系十周年,是一个有重要意义的年份。近些年,中国继续发展变化,国力进一步上升,受到世人瞩目,中国的一举一动无不广受关注。李克强总理出访东南亚,以及出席东亚领导人系列会议,正是在这一背景下进行的,可以预料也将引起国内外各方面的广泛关注和议论。

近年来,国际上充满了大小观察家们对中国正面、负面或中性的各种评价。其中颇为时兴和流传甚广的一种看法是近几年中国变得自信而强硬(assertive),其结果是疏远了其周边邻国。仔细分析,其实中国外交并没有发生那么大的变化。这几年中国与周边邻国的关系中确实出现了涉及海洋权益和领土争议的一些具体问题,吸引了国际上和媒体太多的注意力,以至于遮蔽了一些同样重要或更为重要的东西。海洋领土争议已经存在多年,就其直接当事方而言只涉及少数国家,就涉及的议题而言绝不能涵盖大量其他的重要问题。过去 10 年，这些争议一直存在，但并没有阻碍中国和东盟关系的长足进展，说明它们是可控的，没有理由成为中国与东盟关系中不可逾越的障碍。

中国和东盟诸国，除个别国家仍属较不发达经济体外，大多可称新兴市场国家。求和平、谋发展是这些国家的共同愿望和追求，无论如何，共同的发展是它们的共享目标，是占据突出地位的优先愿景。作为它们之间一个很大的共同点和共同愿望，它是中国和周边邻国进一步发展合作的重要基础和条件。只有看到这一点，才不会被一些浮云"遮望眼"，从而使人们始终怀抱向前迈进的信心。

共同发展，也是 2001 年双方决定采取重要步骤构建自贸区的一大动因。

当年，在即将加入世贸组织的背景下，中国创新性地向东盟提出了创建中国－东盟自贸区的倡议。当时，东盟先是对中国的这一大胆倡议感到吃惊，旋即就决定接受中国这一具有明显善意和潜在共赢前景的重要倡议。

这是中国外交中一步重要的先手棋。世人欲理解中国的外交，必须理解中国对于周边的主导思想，即建设和平安定的周边环境。这一思想和方针贯穿着过去若干年的中国周边外交中，中国是第一个与东盟建立战略伙伴关系的大国，是第一个签署《东南亚友好合作条约》的大国，也是率先与东盟确定建立自贸区的大国。

东盟－中国"10＋1"是中国参与东亚合作的基础，也是中国－东盟发展建设性关系的重大助力，是迄今为止中国与外方建立的规模最大的自贸区。2010 年 1 月 1 日正式启动以来，自贸区内贸易量呈现井喷之势。到 2012 年，双边贸易额突破 4000 亿美元，比 2002 年增长近 6 倍，中国对东盟投资年均增长超过 50％。中国已连续四年成为东盟第一大贸易伙伴，东盟继续是中国第三大贸易伙伴。

与此同时，也要看到，这一合作面临着一些挑战。

挑战之一是合作的水平还不够高，侧重于降税，撤除关税壁垒，便利货物流通和人员往来等。自贸区启动后，边贸固然如虎添翼，但如何提升层次，如何既涵盖货物贸易，又涵盖服务贸易，等等，潜力还很大。

挑战之二是客观上来自 TPP 的竞争。TPP 即跨太平洋伙伴关系，原系由新加坡、新西兰、智利、文莱四个国家组成，2009 年美国侧身其内后占得主导地位，确定目标为"高标准、21 世纪的"自由贸易协议，在一定程度上也旨在为亚太地区制定新规则。目前有 12 国参与 TPP 谈判，其中马来西亚、新加坡、越南、文莱是东盟成员国，中国未受邀参加谈判。不同机制总是各有各的作用，问题在于向心力去往何方。TPP 是奥巴马政府向亚洲再平衡战略的经济支柱，在经过了近 20 轮的谈判后，取得了若干进展，但原定年内完成谈判的目标显然已无法达到，从目前情形看势必拖进明年，而奥巴马缺席 TPP 首脑会也减弱了其势头。

挑战之三是政治干扰，主要来自海洋领土争议，虽只涉及部分东盟成员国，但触动各方敏感的神经，很抓人们的眼球，也很容易被各种力量炒作。如何使合作与发展的正能量进一步得到提升,抑制争议或纷争的"负能量",是东盟和中国面临的一个课题。

因此之故,"时"与"势"均要求东盟和中国再次审时度势,做出战略性的选择,包括打造自贸区的"升级版",提升质量,提高水平,实质性地深化合作。就在不久前,习近平主席已向东盟方面提出了建立亚洲基础设施投资基金的重要倡议,即是其题中之义。可以预计,业已开始了的在中国和东盟间增强互联互通事宜,是今后一段时间内中国与东盟的重要议题。

"要致富,先修路",这是中国基层在改革开放过程中总结出来的一条经验,放在中国和东盟间区域性合作上,也颇适用。经过一些年的努力,把中国与陆上东南亚连为一体的两横两纵公路大通道逐渐成形,用了多长时间即可全线贯通。但这还不够,比如本地区的公路线和铁路线还不够密集,等级还不够高,已建成的线路上物流还嫌稀疏,跨境运输还不够便利,等等,都是有待未来解决的课题。然而,中国与东盟的合作之车已驶入快车道,只要双方同心协力,咬住目标不放松,踏实努力,一个以自贸区为支柱之一的和平繁荣的地区是可以期待的。

经济与政治不可分,政治是经济的集中体现,这是以往的经验告诉我们的。历史的轨迹是一个力的平行四边形,也是历史唯物主义的基本道理。经济繁荣、生机勃勃的中国,将随着自身的发展愈来愈具有能力为本地区提供公共物品,提供市场、资金、技术等条件和要素,从而促进或带动整个地区的发展。这是一个自然的逻辑。扎扎实实地发展自己，且通过提供公共物品带动并与他国一起发展，其政治意义和战略意义是不言而喻的。李克强总理的东南亚之行，似应作如是观。

（载《文汇报》2013 年 10 月 10 日）

南海之难

　　曾有人说,地理即命运。中国的周边地理环境十分复杂,陆地上有 14 个邻国,过去多年间,中国曾与其中的多数国家都存在领土争议或纠纷。与此同时,中国还有若干隔海相望的邻国,相互间存在岛礁和海洋权益纠纷。中国经过持久的努力,与绝大多数陆上邻国都解决了领土争议,签订了边界条约。中国多年来在这方面取得的成绩,值得人们给予赞赏。而所有这些问题的解决,无不是中国及其邻国通过双边的谈判和互谅互让实现的,因而也是严肃而持久的。由此,中国得出了一条重要经验,即通过政治谈判解决国家间的领土争议,是可行、可取的。当事国经由直接谈判而非第三方仲裁解决领土主权争议,应是这类问题最主要、最优先的解决方式。然而,南海问题的长期存在和再次凸显,恰恰是以与此相悖的方式出现在中国面前的。

　　当我们讨论南海问题和中国的政策取向时,正如人们讨论很多其他问题一样,离不开中国崛起这个大背景。当"9·11"事件震惊世界,当政的美国小布什政府迅即发动

"反恐战争"，并在此后将巨额资源投入于阿富汗和伊拉克两场战争时，中国坚持既定的发展战略，对外营造和平安定的外部环境并争取有所作为，在国内则努力发展经济，建设小康社会，使自身的综合国力迈上了一个新台阶。

2009 年 1 月，奥巴马政府上台执政。就在此前的小布什政府后期，已有各种声音批评美政府因阿富汗和伊拉克两场战争而"忽视"了东亚太平洋地区。于是，奥巴马上台后，美向亚太"再平衡"，便成了"题中应有之义"。不久，奥巴马政府相继宣称美国是"太平洋大国"，奥巴马本人则要做"太平洋总统"。美国要"转向"（pivot）即转换方向了。后来，由于"pivot"一词意味着从一处到另一处的突然跳跃或转变，奥巴马政府为避免误解，遂以"rebalance"一词取而代之。

进入 2010 年后不久，国际上即已普遍预计中国经济总量将在这一年超越日本而成为世界第二大经济体。该年 7 月，美国国务卿希拉里·克林顿在举行于越南河内的东盟地区论坛（ARF）期间，以"航行自由"为借口高调提起中国南海"问题"。在此情况下，出席同一会议的中国外长杨洁篪别无选择，只能加以批驳。这一交锋，后被外界解读为中国变得日益"assertive"（该词很难找到一个对应的中文词语，含义大致在"强硬"与"强势"之间）的一个标志。一时间，南海问题大有升温之势。在中方看来，美国出于某种自私的动机或目的，而在南海问题上煽风点火，这或许预示着南海不平静时期的到来。

在此前后，中国对海洋和海洋相关问题的重视程度正在显著增强。

长期以来，中国作为一个农业国家，重陆地而轻海洋。在很长时间内，各方面的海洋意识普遍薄弱，对海洋的重视程度颇低。这一现象受到诸多诟病。进入 21 世纪后，情形发生了变化，中国对海洋重要性的提升明显加快。2012 年 11 月，中共十八大确立了建设海洋强国的方针。作为中国权威性的政治文件，十八大报告指出，应"提高海洋资源开发能力，发展海洋经济，保护海洋生态环境，坚决维护国家海洋权益，建设海洋强国"①。

一般来说，在承平时期，尤其是在看似"一切正常"时，一国的体制和机构设置存在较大的惯性，不易做出重大或断然的决定。而在危机发生时，这种情况就有可能发生大的改变。2012 年 9 月，日本野田政府宣布对中日间有争议的钓鱼岛实施"国有化"，引发中国的强烈反应和中日间一场严重的危机。在这场危机促发下，中国在极高层级上成立了中央"维护海洋权益领导小组"及其办公室。这样，经过千呼万唤，中国终于有了专管海洋权益及相关工作的专门机构。这一机构正是被一场严重危机"逼"出来的。

除了海洋权益专门机构的设立外，改变"九龙治海"的体制也很自然地提上了议事日程。长期以来，中国的海洋

① 中共十八大报告，中文全文见 http://sq.cq.gov.cn/zt/news/2014－2/178_2863.shtml。

事务及其管理条条分割,呈现为"九龙治海"格局,以致多头管理,问题丛生。中国海上执法力量职责严重分散。国家海洋局的中国海监、公安部的边防海警、农业部的中国渔政、海关总署的海上缉私警察等执法队伍各自职能单一,遇到非职责范围内的违法行为无权处理,影响执法效果。每支队伍都自建专用码头、舰船、通信和保障系统,造成资源分割和浪费。几支队伍重复发证、重复检查,增加了企业和渔民的负担。[①]

2013年3月,我国全国人大通过了第七次国务院机构改革方案。这次改革是2008年大部制改革的延续和深化。通过改革,将原国家海洋局及其中国海监、公安部边防海警、农业部中国渔政、海关总署海上缉私警察的队伍和职责整合,重新组建国家海洋局,由国土资源部管理。同时设立高层次议事协调机构"国家海洋委员会",负责研究制定国家海洋发展战略,统筹协调海洋重大事项。国家海洋委员会的具体工作由国家海洋局承担。通过改革,强化了海洋综合管理,推进了海上综合执法,顺应了国际海洋管理的时代潮流。

2013年7月30日,中共中央政治局就建设海洋强国研究进行集体学习。习近平总书记在讲话中强调,21世

---

① 有关2013年改革前中国大陆的海洋执法体制,可参见欧阳富的"多头领导的中国海上执法力量",见《亚太研究论坛》第58期(2013年6月),第33-63页。

纪,人类进入了大规模开发利用海洋的时期。海洋在国际经济发展格局和对外开放中的作用更加重要,在维护国家主权、安全、发展利益中的地位更加突出,在国家生态文明建设中的角色更加显著,在国际政治、经济、军事、科技竞争中的战略地位也明显上升。中国既是陆地大国,也是海洋大国,拥有广泛的海洋战略利益。要进一步关心海洋、认识海洋、经略海洋。在方式上,则强调要通过和平、发展、合作、共赢的方式,扎实推进海洋强国建设。

要维护国家海洋权益,着力推动海洋维权向统筹兼顾型转变。在坚持走和平发展道路的同时,绝不能放弃正当权益,更不能牺牲国家核心利益。要统筹维稳和维权两个大局,坚持维护国家主权、安全、发展利益相统一,维护海洋权益和提升综合国力相匹配。要坚持用和平方式、谈判方式解决争端,努力维护和平稳定。要做好应对各种复杂局面的准备,提高海洋维权能力,坚决维护本国海洋权益。要坚持"主权属我、搁置争议、共同开发"的方针,推进互利友好合作,寻求和扩大共同利益的汇合点。①

很明显,中国领导层是把"维稳"和"维权"视为两个大局的。"维稳"即维护稳定,"维权"即维护自身权益,既要维稳又要维权,不可避免地需要加以平衡。如何处理二者之

---

① "习近平在中共中央政治局第八次集体学习时强调进一步关心海洋认识海洋经略海洋,推动海洋强国建设不断取得新成就",《人民日报》2013年8月1日第1版。

间的关系成为一大问题。2012年4月，中国与菲律宾之间发生了黄岩岛事件，中方实际控制黄岩岛。6月，中国政府公布设立地级三沙市，管辖中沙、西沙和南沙群岛及相关海域，相应地，又在稍后宣布设立三沙警备区，负责三沙市辖区国防动员，担负城市警备任务，支援地方抢险救灾，指挥民兵和预备役部队遂行军事行动任务等。这被普遍视为强化对南海主权宣示的举措。2014年5月，中国船只和越南船只在南海海域发生了冲撞事件。起因是中国海洋石油"981"钻井平台的作业受到了越南方面的骚扰，中国船只为了维护国家利益对越南船只采取了"惩罚措施"。事态的发展引爆越南国内发生了针对中国等在越企业的大规模打砸抢烧骚乱事件。在此问题上，中国所坚持的立场是，"海洋石油981"钻井平台位于中国海域，中国企业在西沙群岛海域作业是中国主权、主权权利和管辖权范围内的事。

也就是说，在一定条件下，维权上升为对中国来说相对更为优先的选项。这便是2014—2015年间中国在南沙有关礁盘的填海造岛行动。一个时期来，崛起中的中国，一举一动已经受到外部世界的极大关注。毫不奇怪的是，填海造岛这一行动也无可避免地引起了有关国家的关切甚或颇为强烈的反应。这些反应，到美国于2015年10月底派遣"拉森号"导弹驱逐舰进入中国人工岛周围12海里区域内巡航（显系刻意为之）而达到高点。对此，中方理所当然地做出了必要的反应，但也保持了克制态度和回旋余地，在发出抗议的同时只说美舰进入了中国岛礁的"邻近海域"，努力保持有理有节。在中方看来,自己有权利进行相关的岛礁建设。这种建设在一定程度上具有"补课"性质,因为中国过去在太长的时间内做得过少,其结果是中国所主张的"搁置争议,共同开发"变成了"搁置争议,让别人开发"①。

当然,显而易见的是,南中国海地区近年出现了关系的紧张,各方都神经紧绷,还出现了中美两强在南海对抗的局面,这自然未必是东南亚国家所乐见的。于是,在《南海各方行为宣言》(DOC)(简称《宣言》)的基础上商谈制定《南海行为准则》,使相关各方按规则行事便成了一种必要。

于是,中国与东盟接续以往的努力,探寻制定《南海行为准则》(COC)(简称《准则》)。

2002 年,中国与东盟国家签署了《南海各方行为宣言》,这是中国和东盟国家就南海问题签署的首个政治文件,对维护南海和平稳定具有重要意义。虽然它作为一个政治文件发挥了一定的作用,但未能防止南海出现不稳定局势,因而其作用又是有限的。在《宣言》基础上谈判签署更具有约束力的《南海行为准则》被提上了议事日程。

中国与东盟商谈制定《准则》的重要机制是高官会。迄 2015 年 10 月止,双方先后举行了十次高官会。2014 年 10 月举行的第八次高官会同意尽早签订《准则》,达成"早期收

①　根据美国助理国防部长施大伟 2015 年 5 月 13 日在参议院外交委员会作证时的证词,越南在南海有 48 个前哨,菲律宾有 8 个,中国 8 个,马来西亚 5 个,中国的台湾地区 1 个。

获"。2015年7月底，中国与东盟国家在天津举行落实《宣言》第九次高官会。会议批准了2015—2016年落实《宣言》工作计划，审议并通过了《准则》磋商第二份共识文件、名人专家小组《职责范围》等重要文件。在"南海行为准则"磋商方面，各方决定启动新的阶段，讨论"重要和复杂问题"，包括为准备"准则"框架草案梳理共同要素等。同时，会议正式授权联合工作组会讨论制定"准则"磋商的"工作方法"。为在"准则"最终达成前有效管控海上局势，防止不测事件的发生，各方就制定"海上风险管控预防性措施"深入交换了意见。[1] 10月20日，中国与东盟国家又在成都举行了落实《宣言》第十次高官会，同时还背靠背举行了第十五次联合工作组会。中国与东盟十国外交部高官出席。各方就进一步全面有效落实《宣言》、加强海上务实合作深入交换了意见，并在落实《宣言》框架下就"南海行为准则"进行了建设性的磋商。会议更新了2015—2016年落实《宣言》工作计划，并指出应从以下三个方面继续推进相关工作：第一是要继续支持全面有效落实《宣言》，增进彼此互信，加强务实合作；第二是推动落实《宣言》框架下的海上务实合作项目；第三是在航行安全与搜救、海洋科研与环保、打击海上跨国犯罪三个领域加强合作，深入探讨建立有关技术委员会。"准则"磋商方面，各方在7月天津高官会同意"南海行为准

---

[1]　"落实《南海各方行为宣言》第九次高官会在天津举行"，《人民日报》2015年7月30日。

则"磋商进入新阶段基础上,初步讨论并形成了"重要和复杂问题清单"和"'准则'框架草案要素清单"两份开放性文件,并授权联合工作组继续就此进行梳理研究。此外,各方还就"海上风险管控预防性措施"深入交换了意见。会议确认将"准则"磋商第二份共识文件、名人专家小组《职责范围》,以及上述两份清单作为本年"准则"磋商的主要成果。①

此前,为了破解南海权益争端而引发的问题,中国在2014年8月举行的中国—东盟外长会议上提出了"双轨思路"的主张,即南海有关具体争议应由直接当事国通过谈判与协商来解决,南海和平稳定由中国和东盟国家共同加以维护。中国的建议是基于如下事实,即除中国外的南海权益声索国是四个东盟成员国(菲律宾、越南、马来西亚、文莱),而非所有东盟成员国,南海争议不是中国与作为一个组织的东盟之间的问题,而是与四个成员国的问题,应该由直接当事国通过谈判来解决。

在此过程中,地区国家及域外国家围绕中国的南海 U 形线(即通称的"九段线")进行了反复博弈。近年来,包括美国在内的一些国家以各种方式压迫中国澄清南海 U 形线的含义。这必须从该线的产生加以理解。根据本文作者所做的调查,1945 年 8 月日本投降、战争结束后,南海诸岛

---

① "落实《南海各方行为宣言》第十次高官会在成都举行",http://www.gov.cn/xinwen/2015－10/22/content_2951612.htm.

依《开罗宣言》《波茨坦公告》和雅尔塔协定回归中国。中国海军于次年奉令接收南海诸岛，当时所根据的是《南海诸岛位置略图》，在该图上已经出现一条 U 形线，它所代表的意义，是让海军知道本国的领土范围，后来南海若干岛屿如永兴岛、太平岛等系以当时海军舰艇的名字命名，其因也在于此。1947 年，国民政府"内政部"划设并于 1948 年公布了南海 U 形线。此后很多年间，相关邻国均未提出过异议，直到 20 世纪 70 年代越南战争结束和南海地区发现油气资源，有些国家开始提出声索。1982 年《联合国海洋法公约》的通过，使包括领土争议、权益声索在内的整个问题益显复杂。

关于南海 U 形线的含义，可谓众说纷纭，观点歧异，存在多种不同观点，如"海域国界线"说、"岛屿归属线"说、"历史性水域线"说、"历史性权利线"说等，其中岛屿归属线是一种得到较多认同的看法，其事实和法理依据较之其他诸说更充分。岛屿归属线说主张，在南海诸岛主权属于中国的条件下，按照《联合国海洋法公约》来划定中国在南海海域的领海、专属经济区以及大陆架。不过，这仍属于一种学术见解，中国政府并未定夺 U 形线的含义如何。由于该线为国民政府时期所划并延续至今，一段时间来，美国试图从中国台湾方面打开缺口，从而达到否定 U 形线的目的，但并未成功。

对中国的另一大挑战是菲律宾提起的南海仲裁案。

2013 年 1 月 22 日，菲律宾单方面就中菲有关南海问题提起强制诉讼。其后,菲律宾不顾中国的一再反对,执意推进仲裁程序。仲裁庭要求中国于 2014 年 12 月 15 日前提交辩诉状。12 月 7 日,中国外交部受权发表《中华人民共和国政府关于菲律宾共和国所提南海仲裁案管辖权问题的立场文件》,重申中国不接受、不参与该仲裁的立场,并从法律角度阐述中国关于仲裁庭没有管辖权的立场和理据,阐明中国不接受、不参与该仲裁有国际法依据。该立场文件对此从三个方面作了论述。

一是从菲律宾提请仲裁事项的实质看。中方认为,菲律宾提出的仲裁事项本质上是领土主权问题,而领土主权问题超出了《联合国海洋法公约》(简称《公约》)的范畴。《公约》框架下的强制争端解决程序仅限于处理有关《公约》解释或适用的争端,无权处理《公约》以外的事项。

二是从中菲之间已经达成的协议看。中菲两国之间通过一系列双边和多边文件,已就通过友好磋商和谈判的方式解决在南海的争端达成共识,排除了其他方式。菲律宾单方面就有关争端提起仲裁,违反了两国之间的协议,违反了国际法。

三是从《公约》本身的争端解决条款看。即使菲律宾提出的仲裁事项在某些方面可能被认为涉及有关《公约》解释或适用的问题,它也是中菲海域划界不可分割的组成部分,而中国政府根据《公约》第 298 条的规定,已于 2006 年 8 月 26 日向联合国秘书长递交了一个排除性声明。根据该声明,中国对涉及领土主权、海洋划界之类的纠纷,排除适用仲裁等强制争端解决程序，主张用政治的办法解决。这就是说，根据该声明，中国已明确排除了将该南海主权争议提交给国际仲裁解决的可能，而是坚持通过政治谈判的途径解决。①

此后，菲律宾执意推进南海相关问题仲裁程序，对于其中的每一步，中方都做出反应表明立场，表示反对和不接受、不参与。2015年7月，菲律宾南海仲裁案仲裁庭宣布结束对该案管辖权和可受理性的审理，认为对菲所提15项诉求中的7项具有管辖权。8月，应菲要求建立的仲裁庭公布了管辖权问题口头听证的庭审实录，中方重申应菲律宾请求建立的这一仲裁庭对仲裁案没有管辖权。10月29日，仲裁庭就管辖权和可受理性问题做出裁决，即对于菲律宾提出的南海仲裁案，仲裁庭具有管辖权。针对这一发展，中方延续既定立场，发表《中华人民共和国外交部关于应菲律宾请求建立的南海仲裁案仲裁庭关于管辖权和可受理性问题裁决的声明》，共五条，要点是，中国在南海的主权和相关权利是在长期的历史过程中形成的，为历届中国政府长期坚持。在领土主权和海洋权益问题上，中国不接受任何强加于中国的方案，不接受单方面诉诸第三方的争端解决办法。作为主权国家和《公约》的缔约国，中国享有自主选

---

① "中华人民共和国政府关于菲律宾共和国所提南海仲裁案管辖权问题的立场文件（2014年12月7日）"，http://news.xinhuanet.com/world/2014－12/07/c_1113547390.htm.

择争端解决方式和程序的权利。菲律宾和仲裁庭恶意规避了中国于 2006 年根据公约第 298 条有关规定做出的排除性声明，滥用程序，强行推进仲裁，背离了《公约》的宗旨和目的。①

经过数年的纠纷和博弈，中国再次体认到缓和及稳定南海局势的重要性和必要性。2015 年 11 月 22 日，中国总理李克强在第十届东亚峰会上宣示，中国在南沙群岛的有关设施建设，主要是民事功能，有助于中国更好地履行国际责任和义务，有助于为各国船只提供更多的公共服务，包括应对海上灾难。有关建设活动不针对、不影响任何国家，也无意搞军事化。李总理并代表中国提出五点倡议：一是各国承诺遵守《联合国宪章》的宗旨和原则，捍卫二战成果和战后秩序，珍惜得来不易的和平，共同维护国际和地区包括南海地区的和平与稳定。二是直接有关的主权国家承诺根据公认的国际法原则，包括 1982 年《公约》，通过友好磋商和谈判，以和平方式解决领土和管辖权争议。三是中国和东盟国家承诺全面有效完整落实《宣言》，加快"南海行为准则"磋商，在协商一致的基础上尽早达成"准则"，并采取措施不断完善地区互信合作机制建设。四是域外国家尊重和支持地区国家维护南海和平稳定的努力，发挥积极和建设

---

① "中华人民共和国外交部关于应菲律宾共和国请求建立的南海仲裁庭关于管辖权和可受理性问题裁决的声明"，《人民日报》2015 年 10 月 31 日第 7 版。

性的作用，不采取导致地区局势紧张的行动。五是各国承诺依据国际法行使和维护在南海享有的航行和飞越自由。①

2016年1月6日，中国政府征用两架民航客机试飞南沙永暑礁新建机场。之所以使用民航客机而不用军机，显然意在避免南海"军事化"的外部疑虑。中国方面认为，永暑礁新建机场可提升南海地区空中交通服务能力，提供更加全面的航空气象、航行情报、通信导航监视等空中交通信息，为航班追踪、搜寻救援提供空地支持，使飞行更为安全可靠。② 尽管如此，试飞之举仍不免越、菲批评，美国等国关切，成为一种循环"模式"。

经过上述研究，我们可以得出如下结论，即：中国在南海地区有两个主要目标，即维权和维稳。近年来，维权的一面在中国南海政策中的地位有所上升，也引起了外部较大的反弹，尤其是"981"钻井平台进入有关海域作业以及填海造岛两项行动，引起的反应很大。这使中国面临一个两难境地，即要么什么都不做，那样就会无所作为；而只要中国在南海做些什么时，国际上便一片疑虑批评之声，使中国的一举一动都面临压力。对中国来说，几乎不存在什么好的时机。这是中国在南海面临的第一个两难。第二个两难事

---

① 李克强："在第十届东亚峰会上的发言"，《人民日报》2015年11月24日第2版。

② "我国南沙永暑礁新建机场试飞成功"，《人民日报》2016年1月7日。

关南海 U 形线的含义问题。U 形线是历史形成的,它早于《公约》产生 30 多年就已经出现,主要是一种历史性权利和岛屿归属的宣示。同时,它之所以采用虚线标出,表示的是一种未定,而非绝对不可移易、不可谈判。U 型线是过往的历史遗留到今天的,其含义本来就具有模糊性,难以清楚阐明。主流的学术看法是 U 形线为岛屿归属线,而又存在与《公约》如何衔接的问题,于是,这便成了第二个两难。这双重两难,使中国不得不始终在维权和维稳之间反复平衡、选择,在 U 型线含义问题上也只能继续保持模糊。一段时间来,外界对中国在南海地区的取向和追求存在误判。实际上,中国在南海的目标是有限的,且是在自己的岛礁上进行有关建设。这些有限性为南海局势的转圜留下了回旋余地。总体而言,南海的局势应是可控的。

(载《成均中国观察》2016 年第 1 期)

周边外交的新亮色

每年的 11 月,随着 18 个国家的领导人云集东南亚,出席包括东亚峰会在内的一系列峰会,一出出外交大戏接连上演。2015 年 11 月,系列峰会尚未举行之际,习近平主席即前往越南和新加坡展开访问。除此之外,缅甸不日将举行大选,又加上两岸领导人即将首次在新加坡会面,这些更增加了该年 11 月的亮度和人们的关注度。11 月的连台好戏,看点纷呈,帷幕似乎已提前拉开。

中国崛起于本地区和世界,是 21 世纪的一件大事。中国的崛起必然不同于过去亚洲四小龙的崛起,其引起的影响和反应之广、之深,如同一层层的涟漪,不断扩展开来。对此,周边各国需要一定的时间来适应这一变化,而它们在一段时间内的不适应,也是十分肯定和自然的。对此,我们不宜简单化地一概视之为"中国威胁"论了事,或一律归因于外部力量的插手挑拨。那样的话,将不利于我们发现问题和解决问题。

东南亚地区各国,多为中小国家,而中国无论怎么说,都是一个大国。作为中小国家,通常都会希望从大国那里获得一些益处,同时又对大国存有某种戒心,这便是经济上有所求而安全上又多"心眼",甚至在经济上都会担心是否过于依赖别的国家。这一状况在现实中的反映,是多年来东盟各国一直引大国而入,令其相互制约从而达到某种平衡。作为这种"平衡术"的表现,除了极少的例外,小国一般不愿在大国间选边站队,努力不得罪任何一方,左右逢源,对其最为有利。对于这样的小国心态,大国应有细致的体察,而且一般来说不宜过于计较得失。这其中的"事大事小"之道,中国思想中很早就有所表述,此即"以大事小曰仁","以小事大曰智",颇值得人们玩味和掂量。

就中国外交布局而言,"周边是首要"。既然如此,无论如何都要从稳定大局着眼,而以不至"浮动"为要。对于小国有如上的心态,似也无须讶异。大国以其体量之大,通常会处于较主动地位,对于同幅员和力量较小的国家打交道,可多取"宰相肚里好撑船"的姿态,在平等基础上,总可以优渥以待,使对方安心、放心,而不至担心、忧心。

从 20 世纪 90 年代到 21 世纪初年,中国与东盟各国的关系取得了长足进展,双方建立了伙伴关系,达成了自贸区协议,签订了《南海各方行为宣言》,"10+3"和"10+1"机制化建设不断推进,产生了双赢的效果。而到 21 世纪第二个 10 年开始前后,关系的发展似乎遭遇到了一个瓶颈,新的问题也纷至沓来,一时间整个地区好像不那么"稳"了,似乎有点"浮"起来了。在这一情形下,外部力量也有了更多"运作"的空间。当前，中国的发展站在了新的历史起点上。在新的历史条件下，打造中国—东盟自贸区升级版已成为题中应有之义，中国倡导的"21世纪海上丝绸之路"则顺应了历史的大势，为本地区各国提供了多种机遇以及合作共赢的广泛可能性。习近平主席的越、新之旅，放在这样的背景下来看，更能看到其包含的重要意义。

越南在东南亚国家中是人口较多、幅员不小、发展也较快的国家，不过相较于中国，在国力方面自然有差距。越南有漫长的海岸线，海洋法公约所确定的专属经济区制度等对其有利。在存在领土和海洋权益争议的条件下，遇到风吹草动时，民族情绪受到刺激，容易出现过激反应，甚至出现对中国投资企业进行"打砸抢烧"这样的极端行为。遇袭者自然受害，对越南自身而言，还得道歉赔偿，其投资环境也蒙上一层阴影，对谁都没有好处。在南海问题上，越南靠拢美国以在一定程度上平衡中国，这种心理也可以理解。但在美国眼里，越南社会主义共和国的"颜色"属红，却也是事实，而且是根深蒂固、很难改变的。中国是近邻的大国，越南若"远交近攻"，是否明智？似大可质疑。两国若都从战略上和根本利益上考虑问题，必须有更为宽阔的思维。通过中越最高层高频度的交往和沟通，相互在战略上"交底"，以达成一种心知肚明的默契，是十分必要的。两国在体制上的近似性，使其领导层都有能力发挥一种引领作用。这一引领作用发挥得好，将极大地有利于有效管控分歧，推动双边关系中建设性一面的发展。这有利于双方，有利于两国人民。

新加坡国虽小，但中新关系的重要性却一点也不逊色。中新苏州工业园区是一个成功的合作范例自不待言，在治国理政方面新加坡也提供了不少有益经验，双方有不少交集，可以相互分享。新加坡也是东南亚国家中唯一的发达国家，这种发达体现在很多方面，其中之一是智库的发达，数量不少，质量也较高，它们在对中国的研究、对本地区的研究方面都堪称翘楚，提供了不少思想产品，产生了可称重要的思想影响力。这种软性的影响力一直都发挥着潜移默化和不可忽视的作用，在政策界一向为人们所看重，具有风向标的意义。

多年前，新加坡就在台海两岸关系中扮演了特殊的角色，于1993年促成了第一次"汪辜会谈"，助力两岸关系打开了局面。多年后，两岸现任领导人将在新加坡见面对话，其意义不言而喻。马英九因任期即将届满，固然已经"跛脚"，但两岸现任领导人见面本身，却颇具象征意义。历史也许会表明，习马会也许是习主席此行中最为人们所铭记的部分。

（载《文汇报》2015 年 11 月 7 日 ）

做可亲的大国

在不久前中央高层召开的周边外交工作座谈会上，习近平总书记提出，要"多做得人心、暖人心的事，使周边国家对我们更友善、更亲近、更认同、更支持"。可以说，这抓住了一个重要和关键的问题，指出了未来外交工作的一个方向。

中国是一个大国，这是一个基本的事实。周边国家中，除了俄罗斯外，中国领土面积比其他邻国都要大。就经济总量而言，中国已被普遍认为是世界第二大经济体，军事现代化在持续推进。另一个事实是，中国的发展崛起十分迅速。此二者结合起来，很容易使一些周边国家产生不适和复杂心态，这反映在：

首先，周边国家欲搭上中国发展的顺风车。中国的幅员加上不断增长的经济，造就了一个巨大的市场。巨大的需求为邻国带来了重大的发展机遇。无疑，各国都有求发展的共同愿望，借中国的发展之机以求得自身的发展，是周边各国的共同需求。扩大和加深合作，是符合各国共同利益的。

其次,如果仅仅是如此,那么事情就会很好办。现实之所以复杂,是因为还存在别的因素。细细分析,周边国家中有不少其内心都有隐隐的担忧。这担忧是无法说出口的,但却挥之不去,无时无刻不在隐隐约约地起作用。这种隐忧就是中国未来会怎样,中国的发展强大会不会给它们带来消极的影响或后果。由于一些海洋领土争议的存在,这种担忧就更得到加强,或经由海洋领土问题上的不和而表现出来。

再次,中小国家多半谋求大国平衡。在自身力量相对较为弱小的条件下,中小国家很可能做出的一个选择是与诸大国都发展关系,让它们之间相互平衡或相互牵制,从而求得自身比较舒适和有利的地位。两个可资借用的资源,一是别的大国,二是国际性机制,表现为或是引其他大国而达成其所希望的力量平衡,或确立规则以规范彼此。小国一般欲造成大国之间相互制衡的态势,使自身处于有利地位,从而左右逢源,然而,小国又不希望大国之间剑拔弩张以致被迫在大国之间做出选择。选边站队这种情形是其所欲避免的,因而其行为又有一定的限度。

以上观察如能成立的话,那么,小国的一些行为就会变得比较容易理解了。

众所周知,国际事务纷繁复杂,经常变化多端,要准确把握诚非易事。譬如南部邻国缅甸,本来发展平稳,受西方制裁并非一年两年,执掌政权的军人经由"七步走"路线图实现"换装执政",也属正常。然风起于青萍之末,2011 年缅甸政治和对外关系发生骤变。短时间内出现那么大的变化,几乎是谁都没有料想到的。密松电站重大项目突遭停工,中国投资风险一下凸显。再如,东海上偶发的一起撞船事件,由于作为当事一方的日本民主党政府经验缺乏、处置不当而把中日关系撞出个大"窟窿",使好不容易才回到正常轨道的双边关系遭遇重挫,等等。这些事实都说明,事物的发展变化非常复杂,要求人们仔细观察,细心分辨体会,从而找到妥帖的应对之道,切忌简单化的粗糙处理。

常常听到的一种说法是,很多问题之所以出现,主要是由于中国的国力还不够强。只要中国的实力强大了,众多问题都可迎刃而解。这话有一定的道理,但失之于粗,因为,有很多问题并不是一个"强"字所能解决的,否则的话,美国这么强,问题都该迎刃而解了,然而,震惊世界的"9·11"事件,恰恰不是针对其他国家的,而是针对美国的,这就很能说明问题。

逻辑的推论是,光是强还不行,还要政策得当。或者本来就处于将强而未强之际,处于各种关系错综复杂和心态复杂之状态,十分不易。中华民族处于复兴的过程中,像中国这样一个大国的崛起必然不同于过去亚洲"四小龙"的崛起,对于它所已经引起或将可能引起的各种复杂反应,必须给予足够的重视。

那么,如何才能达到更好、更准确及时的理解呢?途径之一是换位思考,就是把自己放到对方的位置上,将心比心，设身处地，所谓"同情的理解"。大国要这样做，小国也应这样做，当能有助于彼此间更好地相互理解，从而达成相互接近。

中国儒家思想中对"大"与"小"之间的关系，做过精辟的阐明，浓缩为"以大事小曰仁，以小事大曰智"这十二个字。从"仁"这个汉字的构成看，是单人旁加二，表示一种关系。"仁"意为仁厚，并不以大欺小，并不因自己强就压迫弱小的对方。小国不因大国仁厚而刁钻油滑，尽谋好处，或得寸进尺，贪得无厌。这样看，大国克制，小国识相，大约便是事小事大之道。

过去一些年来，由于我们找到了正确的发展道路，真抓实干，务实建设，我国经济和国力增长迅速，国家整体发展不断迈上新台阶，这是很令人自豪和欣慰之事。与此同时，我国周边国家也在发展，但其中不少起点较低，或者发展不如我们快，加上中国的"块头"大，总体国力的对比有明显的差距。这些年来，通过建立各种"伙伴关系"、建立自贸区、基础设施互联互通等举措，中国与周边国家的关系有了长足进展。未来的课题，是中国应百尺竿头更进一步，成为一个"大而可亲"的国家。

大而可亲，因为这样的国家使人放心、安心。与之相反的是"大而可畏"，即强大而令人畏惧，如是这么一种情况，那么，可能出现的情形是，表面上你好我好，调子很高，但内心里却是满腹狐疑，使得关系的"表"和"里"并不一致。倘若再加上对方别有所图，那就更麻烦了。可惜这种情形也许还比较多地存在着。要改变这一状况，使我国与周边各种关系更上层楼，需要各方共同努力，从我们这方面说，就是要努力做可亲的大国。

做可亲的大国，首先是不要居高临下，而是平等相待。多年前，当共和初造时，孙中山先生就曾特别强调愿与"平等待我之民族"建立和发展关系。这是有来由的。近代以来中国对外关系的历史，充斥着各种受辱的事例以及被强加各种不平等条约。基于这一历史，中国人比较能够体会平等待人的重要，比较体谅对方的感受，较好地克服了大国沙文主义，但问题并非都解决了。尤其是，我们是一个有13亿人口的大国，近些年来，有越来越多的中国公民走出国门，走向世界各个角落，在平等待人方面难保不存在这样那样的问题，事实上也确实出现了不少与之相悖的事例，这需要引起我们的重视。教育我们国民的言行与此一致，需要做出更多努力。

其次，亲是亲切。亲切是具体的，它不光体现在高层互访中，而且体现在我方与外方各个方面的种种接触中。要在两个社会之间培养起纽带和感情，有多种方式，比如外国青年来华留学就是一条重要的途径。泰国的诗琳通公主与中国很亲近，就与她有在中国留学的经历、培养起了对中国文化的感情密不可分。这样的外国人士越多，就会越亲近。当然，这事绝不限于精英人士之间。社会和国民之间的亲切感，需要在更大范围内在各个层次上建立和培养。

再次，愿意倾听。倾听各种不同的声音，很多时候可能是刺耳的声音,但也很重要。国际上,包括我周边国家,对中国有各种各样的议论和看法,既有正面的也有负面的。正面的议论和评价当然会使人高兴,要听取。然而更重要的是,对不那么积极的评价和议论更要注意倾听。出于恶意的言论一定存在,但多数言论可能还不属于这种情况,因而不宜一概以"中国威胁论"来加以定性,或者拒绝与之接触对话,而应做出具体分析。有些议论可能属于不了解情况,接受了不正确的信息,因而应通过更好的公众外交把事实和信息准确地传递出去,消除误解。有些批评可能不无道理,那就要通过倾听发现问题所在,有则改之,无则加勉,改进相关工作。这是拉近彼此距离的重要途径。

亲近感的养成,并非一朝一夕之事,而是需要长时间的积累,细水长流,润物无声。政府的工作极重要,但展现和保持可亲形象,培养与周边国家的亲近感,却远超政府的范围,而涉及全社会。

笔者最近就钓鱼岛之争写成一篇英文文章,发表于西方国家一家刊物上,文中对日本有若干批评,引起了一些反应。这些反应大都是替日本说话的,觉得中国也有可批评处。这些评论自有其可取之处,并非无理狡辩,对我文章中所写也大致认可。但值得注意的,是日本得到的同情颇为不少。二战结束后多年间,日本通过经济复兴和高速增长成为经济大国后,很重视援助其他亚洲国家,帮助它们发展。日本这方面的工作持续了几十年,因而赢得了不少好感,树立了走和平道路国家的形象。在更大范围内也类似,日本为联合国会费出资就颇为不少，显然，这是对国际公共产品的一种贡献。日本的这种正面的形象以及别国对它的好感是比较牢固的。明乎此，对它的批评一定要注意用事实说话，把握好分寸，切忌"大批判"，否则有可能引起第三方的反感，造成相反效果。

这也佐证了前述细水长流，渐进积累的道理。基于此，我们一定要从现在开始，从我做起，扎实努力，做可亲的大国。

（《东方早报》2013 年 11 月 14 日 A15）

趋近北邻　睦邻安邻

　　2014 年是中国周边外交活跃之年。5 月亚信上海峰会成功举行,这场峰会固然是亚洲范围的重要会议,但由于它最初是由中亚国家哈萨克斯坦发起,因而也就成为着重在中国西北方向上开展的重头外交活动。不久前习近平主席高调访问韩国,半岛外交展现新态势。10 月,中国将主办APEC 北京会议,在此之前,习主席将访问另一重要邻国印度,之后李克强总理将赴缅甸出席东亚领导人系列会议。由于众所周知的原因,中日两国领导人互访和在多边外交场合会晤已停顿多时。APEC 北京会议期间能否实现会晤,球在日本一边。

　　本周习主席对北方邻国蒙古的访问,是中国国家元首时隔 11 年后再访蒙古,此访对于中蒙双边关系的重要性不言而喻。

　　蒙古是一个内陆国家,地处俄罗斯和中国两个大国之间,地域虽广而人口较少,全国仅 200 多万人口。中蒙互为陆地边界线最长的邻国。现代历史上,蒙古与北南两大邻国之间有过不少纠葛，其影响也或多或少延续下来，又由于近年中国力量快速上升，包括蒙古在内的周边邻国不免在心理上存在隐隐的担忧，这是可以理解的。正因如此，蒙古十分重视对美关系，视美国为"第三邻国"，尽管两国其实并不相邻。

对于周边中小国家的这种心态，我们应该更多地加以理解和把握。国家与国家之间，可以说相互都是"听其言而观其行"的，建立起相互信任的关系并不是一件容易的事。鉴此，我们应该真心实意在行动上展示善意，实现合作共赢。

去年中央召开的周边外交工作会议，提出了"亲、诚、惠、容"的四字方针，这是中国外交重要的新理念。我们应该努力本着这一精神，逐步在外交实践中加以落实和推进。

中蒙两国已基本确定以互联互通和矿能大项目合作为优先方向，这是非常务实的举措。中国改革开放有一条产生于基层的经验，即"要致富，先修路"，基础设施建设搞上去了，将会带动各方面的发展。不同国家之间的共赢合作和共同发展，也是如此。提升基础设施建设，强化互联互通，必将有力地促进近邻间务实合作的开展。习主席蒙古之行的成功，是完全可以期待的。

（载《新民晚报》2014 年 8 月 21 日）

在热烈与冷静之间

习近平主席率庞大代表团专程出访大不列颠及北爱尔兰联合王国(UK),即通称的英国,且只此一站,不涉他国。10月的伦敦,秋高气爽,叠翠流金,使我不禁想起多年前在英国求学的日子,感到熟悉和亲切。英国上下对习主席此访之重视,欢迎之隆重,令人叹为观止,这固然是因为此访是近10年来中国国家元首首度访英,但更为深层的原因恐怕是缘于中国的持续崛起。中国的国力不断跃上新台阶,已今非昔比,中国的崛起已然是一个事实。

笔者曾经多次参加过与此相关的讨论。中国人讨论中国的崛起,正如外部世界讨论中国的崛起一样,也免不了意见纷纭,比如有人说两岸未统一就谈不上中国崛起,但道理何在,未闻其详;也有的说我们的人均 GDP 仍处于世界各国中靠后的位置,这自然也是事实;还有的指出,根据我们自己的标准,中国还有 8000 万贫困人口有待脱贫,如果是依据世界银行的标准,则为数更多,等等。

细究起来,也许很难说达到哪一个点就算中国崛起了,否则不算。实际上恐怕并不存在这样的标准,但以今天世界第二大经济体的体量,联合国安理会常任理事国的地位,加上在世界上的广泛影响力,包括自身经济波动而产生的对外部的影响力等,如果这样一个状况还不算崛起,怕是不好说了。崛起是一个过程,随着中国向全面建成小康社会迈进,中国的进一步崛起是可以期待的。这并不是说未来就不会有曲折,就可走"金光大道"了,而是说这样一个大趋势是明显的,有把握的,它正在继续。

问题在于,崛起以后如何?近些年来,世界上尤其是一些周边国家对中国抱有担心甚至忧惧,担心中国对外咄咄逼人,或者是否怀有什么不友善的动机,等等。其中有些属于庸人自扰,比如"9·3"阅兵,中国在世界反法西斯战争和抵御外敌入侵的战争中付出了如此惨重的牺牲,为最终胜利做出了如此巨大的贡献,在战后70周年之际,中国有充分的理由进行隆重的纪念,以铭记历史,目的是使历史不再重演。这就是为什么在习主席的"9·3"讲话中"和平"字眼出现18次之多,道理就在这里。有些观察家说这是"民族主义"云云,实为平庸之论。

同时,既然对中国怀有担忧成了一种普遍现象,那就需要引起重视,加以认真对待。日前笔者在北京出席了第六届香山论坛,现场聆听了中央军委副主席范长龙的主旨演讲,其中讲到中国致力于和平解决争端,"决不轻言诉诸武力"来解决国家间的问题。作为一个重承诺的国家,中国的军事领导人代表国家做出这样的承诺,是应该受到外界郑重对待的。对于战争与和平这样的国之大事，中国郑重，大家都应郑重。

话再回到习近平主席访英和英国。一段时间来，世界力量配置在发生深刻的变化，以金砖国家为代表的新兴大国以群体性姿态崛起。在当今动态变化的世界，力量处于流变的过程中，世界上的制度性安排必须反映这种力量的流变，于是，2010年国际货币基金组织和世界银行确定了增加新兴国家份额及投票权的方案，只是由于美国国会的阻挠，迄今未得到落实。然而，力量分配变化的这一趋势依然在继续。今天的英国对中国如此之重视，反映了英国对自身利益的判断，也是对新兴大国格外重视的反映。对英国来说，传统的与英联邦各国的关系仍然在维持着，但英联邦对于英国的重要性已日渐式微。就欧洲的关系而言，英国是欧盟的重要成员国，但作为地理上孤悬于欧洲大陆之外的岛国，英国在加入欧盟的时候就犹犹豫豫，加入后多年来心理上又一直疙疙瘩瘩，近年来竟出现了脱离欧盟的呼声和势头，这真是应了"天下大势，合久必分，分久必合"那句话。当然这事情还在未定之天，但所反映出来的是英国随着利益关系的变化，现正更多地从欧盟和欧洲国家转变到新兴的各国，尤其是中国。英国人向来是注重经验的和讲究实际的，毕竟，那句名言即"没有永恒的朋友，也没有永恒的敌人，只有永恒的利益"，就是从英国人的嘴里讲出来的。英国终究不像美国，不像美国有那么多的救世主心态，似乎以天下为己任，要救全世界于"水火"之中，以至于到处插手,还经常"始乱终弃",当局面无法收拾以后,留下一副烂摊子走人。这样的事情,我们看到的已经太多。令人惊奇的是,美国人居然还没有从中认识到自己的错误和"救世主"行为的问题所在,因而也就难以避免再犯类似的错误。美国似乎应该向他们的英国"表亲"学习一点什么,或许是经验,也或许是精神,总之他们有更多的反思的必要。

至于"新型大国关系",指的不是一种现实的状态,而是一种未来的状态,又主要是针对与美国的关系而言的,但推而广之,便有了"新型国际关系"一说,其内涵自可讨论,但新型的大国关系也好,新型的国际关系也罢,终究不是讲出来的,而是"变"化而来的,这"变"是力量之变,此为根本性的基础。今年3月12日,英国在西方大国中第一个申请加入中国倡议发起的亚洲基础设施投资银行(AIIB),导致其他大国如法国、德国、意大利等纷纷跟进,可称"识时务者为俊杰",也得到了中国的首肯和回馈。习主席访英发生的种种,亦应作如是观。

(载《新民晚报》2015年10月23日,发表时题为"务实的英国积极回应崛起的中国")

大国关系:中国与美日

特朗普政府《美国国家安全战略》
报告分析

一、由何处来

根据美国 1986 年《戈德华特—尼科尔斯国防部改组法》第 603 款的要求,美国总统应在适当时候向国会提交《美国国家安全战略》报告(简称 NSS),以使国会能得以在国家安全领域做出重大的资源有效配置。根据该法案,国家安全战略报告应该每年都递交。[①] 但在实践中,并非每年都如此。不过在该法案通过后,历任美国总统都发表了《美国国家安全战略》报告,里根、老布什、克林顿、小布什、奥巴马都曾发布这样的报告。克林顿任总统时期,尤为"规范",在 1994 年至 2000 年间每年都发表了报告,但各年之间内容的差别并不大,甚至连续数年名称也相同,都称作

---

① *Strategies for US National Security：Winning the Peace in the 21st Century.* Muscatine，IA：The Stanley Foundation，October 2003，16.

"接触和扩展战略"报告。[①] 正因为差别不大和有较大连续性,第一份"接触和扩展战略"报告之后的几份报告,其意义和受重视程度也不高。然而一旦变换总统或是另一大政党的总统上台,背景发生了重大的变化,国家安全战略报告的意义也就有了重大的不同。

　　NSS 既是由白宫向国会提出,也意味着公开发表,它通常反映当时的美国当政者重要的战略和政策思想。有些年份的报告尤具重要性,因为它们是发表于美国当政团队发生较大变化之时,新的执政团队形成了自己的战略和政策思想,有新的突出要素和自己的主导方面,因而具有风向标的意义。2002 年小布什政府发布的《美国国家安全战略》报告就是如此,其重要性体现在:(1)这是一份在美国经历了"9·11"这一事件后提出的国家安全战略报告;(2)该战略的内容和美国新的战略方针及走向与过去有重要的不同。美国在安全战略思想上发生了深刻的变化,它来自美国威胁观的变化。据此,在威胁完全形成之前,美国必须采取行动将其阻止。在必要时,美国将毫不犹豫地单独采取行动,对"无赖国家"和恐怖分子进行"先发制人"的打击。[②] 这份报告曾经的重要性为众所周知。

---

① 即"National Security Strategy of Engagement and Enlargement",在 1994、1995、1996 三年均然。在 1997、1998、1999 这三年则均称为"A National Security Strategy for A New Century"。

② 任晓:"解析布什政府的国家安全新战略",《国际展望》2002 年 11 月号。

2016年11月,唐纳德·特朗普在美国总统选举中"出人意料"地胜出,构成为一个大"变"。特朗普当选美国总统并上台执政,无论对于美国还是对于世界都是一个重大事件,它造成了众多精英人士的错愕与震惊,给世界带来了极大的不确定性,其所作所为形成了一个个冲击波。毫无疑问,特朗普是一个特别的人物,非典型的美国总统。由于美国的世界地位,这样一个总统不可能不产生重大影响。人们对于这届政府的执政思想,也不能不加以认真研究。特朗普政府在上任后的第一年即完成并发表NSS①,白宫国安团队动作之快,似乎也有点"出人意料",必然引起各方的关注和研究。

特朗普上任第一年,国政的过渡并不顺畅,特本人及其侧近人士缺乏执政经验,犹如"闯进瓷器店的公牛",采取的措施特立独行,惊世骇俗,上任后第一年间,白宫重要官员变动频繁如同走马灯。国家安全顾问弗林上任不到一个月即被迫辞职,继任的麦克马斯特(H. R. McMaster)是一位陆军中将,相对更为持重,为共和党建制派所首肯,上任后重新搭建班子,配备得力人员,开展相关工作。麦克马斯特又是一位学者型的官员,拥有博士学位,撰写和出版过一部关于越南战争教训的专著,经验丰富并有学识。NSS报告

---

① The White House,*National Security Strategy of the United States of America*,December 2017. https://www. whitehouse. gov/wp-content/uploads 12/NSS-Final-12-18-2017-0905. pdf.

是在麦克马斯特主持下，由国家安全事务副助理迪娜·鲍威尔（Dina Powell）、"笔杆子"娜迪亚·夏德罗（Nadia Schadlow）等为主的国安工作班子（NSC Staff）撰写而成。在特朗普政府执政第一年的纷乱之际，他们努力形成战略和外交政策思想方针，以把握住美国的"航向"。从其形成过程看，报告主要反映了美国共和党建制派的政策思想。当然，这一报告不能不把现任总统的口号或思想写进去，最为典型的就是"美国第一"（America First），于是不可避免地要出现矛盾。把 NSS 报告与特朗普政府已经实行的做法相比较，存在明显差别。主要原因就在于特朗普特立独行，而主导 NSS 报告撰写的则是共和党建制派，更多地反映了共和党主流的内外政策思想。要探讨的问题在于未来走向。

二、作为思想根源的美国式民族主义

就其思想根源看，美国的战略和外交思想植根于美国式的民族主义。学者阿纳托尔·利文（Anatol Lieven）对美国式民族主义有颇为精深的研究，他认为，美国独特的民族主义是建基于对美国政治制度普遍价值的几乎是宗教般的信念，它危及美国的全球领导地位和反恐怖主义战争的成功。"9·11"后的美国外交政策是由美国国家认同的特殊性格所塑造的，它包含了两种相互矛盾的冲动。一种冲动是所谓的"美国信条"（American Creed），主张自由、民主、平等主义，代表了美国给予世界的遗产。但这"信条"也加强了美国民族主义中危险的"救世主"要素、向全世界推展美国价值观和美式民主的意愿的基础。另一种冲动是民粹主义的民族主义（有时被称为"杰克逊主义"，以第七任美国总统安德鲁·杰克逊命名），植根于一个愤愤不平的、怨恨的、提防性的白人美国，大致以美国南方为中心。"美国信条"是乐观的和凯旋式的，而杰克逊主义的民族主义则充满了深刻的悲观主义，以及一种个人、社会、宗教和地区的挫败感。①

根据美国外交学者沃尔特·拉塞尔·米德（Walter Russell Mead）的阐释，杰克逊主义是一个很大的人民主义（即民粹主义）思想学派，认为美国政府在外交和国内政策方面最重要的目标应该是美国人民的物质安全和经济富足。② 以杰克逊总统命名不仅是对其个人观点和外交政策记录表示尊敬，更多的是对其巨大人民主义魅力的承认。这种魅力使其能够激活和改变美国政治。杰克逊主义学派代表了美国人深刻而广泛的人民主义大众文化，崇尚荣誉、独立、勇气和军事自豪。③ 根据这一阐释，这种民族主义在当今的美国其势正盛，构成为特朗普治国的背景之一。

首先，NSS 所体现的当今美国当政者的政策思想，是

---

① Anatol Lieven, *America Right or Wrong : An Anatomy of American Nationalism*. New York: Oxford University Press，2004.

② 沃尔特·拉塞尔·米德:《美国外交政策及其如何影响了世界》，北京:中信出版社,2003 年,导言。

③ 沃尔特·拉塞尔·米德:《美国外交政策及其如何影响了世界》，北京:中信出版社,2003 年,第 94 页。

在世界多极化趋势进一步发展、美国实力地位有所下降的历史条件下，特朗普入主白宫又引起争议和纷乱不断的情况下，试图校正"航向"，维持美国世界地位于不坠而提出的思想和思路，其目标是力图在一个变化着的世界中维系美国的首要地位或支配地位。

根据这份 NSS 报告的自我标榜，它是一个有原则的现实主义（principled realism）的战略，这种有原则的现实主义是以结果而不是意识形态为指导的。它并没有对什么是有原则的现实主义做出界定，或许这对于报告的撰写者来说是不言自明或者心知肚明的。从后文的表述看，"以实力求和平"（peace through strength），是从里根政府那里隔代继承而来的，重心是落在"实力"上，而不是像小布什当政时期那样高唱"推进民主"。①

其次，这是一个"美国第一的国家安全战略"，这显然是带着特朗普印记的，因为，"美国第一"是特朗普的标志性口号。

无论对于特朗普，还是对于 NSS 报告的撰写者，当今的世界是一个阴暗的世界，他们的共同点是都把对方所得看成是己方所失，因而是一种零和博弈，这就不是双赢或共赢，也不是共同发展的观念。

在这些当政者看来，这世界是一个竞争的世界（a competitive world），对权力的争夺正在进行之中，而美国

---

① Thomas Carothers, *U. S. Democracy Promotion During and After Bush*. Washington, DC: Carnegie Endowment for International Peace, 2007.

要准备好竞争，美国已经准备好了竞争。

三、对美国与世界的诊断及方针

报告对美国面临的问题进行了诊断，认为美国在冷战中获胜滋生了一种自鸣得意。有很多人士都认为美国的力量是无法挑战和自我延续的。美国开始漂流了。"我们经历了一场信心危机，放弃了一些关键领域的优势。当我们把我们的政治、经济和军事优势视为理所当然时，其他行为体正在稳步地执行其长期计划以挑战美国，推进与美国及其盟国和伙伴国家相反对的议程。"（页2，以下引用该报告只注英文版页码）当一些国家在利用美国帮助建立起来的国际性机构时，美国却袖手旁观。它们补贴其产业，强迫技术转让，扭曲市场。这些以及其他行动挑战了美国的经济安全。在国内，过度的管制和高税收窒息了增长，削弱了自由企业。每一次都是政府蚕食私人商业的生产活动，它不仅威胁美国的繁荣而且威胁创造和创新精神（页2）。

报告认定存在三种挑战，分别来自中俄、朝鲜伊朗以及跨国恐怖主义和犯罪组织。报告并上纲称尽管在性质和程度上不同，它们都是高扬人类尊严和自由的力量与压制个人、强求统一的力量之间根本性的竞赛。这些竞争要求美国重新思考过去20年的各项政策，这些政策的基础是假定与对手的接触和将其纳入国际制度和全球商业，能把它们转化为良性的行为者和可信赖的伙伴。基本上，这一前提是不成立的（页3）。

很显然，这是一个重大判断或判定，将会引出十分重大的政策结论。既然过去的路径是无效的，反而造就了竞争对手，那么，逻辑的推论便是改弦更张，采取行动压抑对手；应对外国挑战者，捍卫美国利益。

报告认为，在这个世界里，所有的国家都利用了美国从而获得了好处，而美国则是被别国利用了，这种情况必须改变。于是乎，特朗普的矛头几乎指向了包括盟国在内的所有国家，2018 年伊始又把矛头对准了巴基斯坦，指称巴从美国获得了很大好处而没有回报，这理所当然地引起巴基斯坦的愤怒回应，举出巴给予美国的种种难以否认的支持。按照特朗普的逻辑推下去，就是要"对等"（reciprocal），这正是他在 2017 年长长的亚洲之行中反复申说的"道理"，无论是对于作为盟国的日本和韩国，还是对于很难界定关系性质的中国，还是在 APEC 这样的多边机制中，无不申论存在"不公平"，而这"不公平"自然是来自他国。现在美国须追回"公平"（fair）和"对等"。

"对等"作为一种原则，是可以被人们普遍接受的，问题在于，特朗普式对等的内容恐怕是单边地定义的，单方面地压迫对方接受美方的要求或条件，比如重新谈判北美自贸协议（NAFTA）、重新谈判美韩自贸协定等，都是其反映和表现。

就过往的历史看，每当美国经济处于疲态、世界地位有下滑之虞时，就会施展拳脚，向他国施加强大压力。在经贸问题上，美国大凡高唱"公平贸易"之时，都是自身国际竞争力出现了下滑，因而祭出"公平"的大旗或大棒来压抑对方。

20世纪80年代，当日本如日中天时，美国就曾高高地祭出这面大旗。在"日本威胁"论甚嚣尘上中，美国在经贸上竭力打压日本，迫其签订"广场协议"，强使日元升值，最终在经济上把日本打压了下去。如今在新的历史条件下，美国又如法炮制，使出了类似的一手。特朗普亚洲行期间，反复、多次使用"reciprocal"（对等）一词，实质上强调的是美国必须受"惠"、得益。

值得重视的是，报告把中国和俄罗斯捆绑起来，称二者为"修正主义国家"（revisionist power），尽管对于它所称的"修正主义国家"，并没有做明确的界定，但该名称显然是指想要改变现状的大国。在国际关系学中，"修正主义国家"往往是对现状或现存秩序不满、谋求部分或全面改变现状或现存秩序的国家。美国既然是居于首要地位的大国，他国若想要改变"现状"，自然就是美国所不乐见的。至于什么是"改变现状"，这"定义权"要由美国掌握。报告称，中俄挑战美国的权力、影响力和利益，试图损害美国的安全和繁荣。它们决意降低其经济的自由度和公平性，发展军事力量，控制信息和数据以压制其社会，扩展其影响力（页2）。中俄正在开发可能威胁美国关键基础设施以及指挥和控制架构的武器和能力（页8）。中俄想要塑造一个与美国价值观和利益对立的世界。中国寻求在印太地区取代美国，扩展其国家驱动经济模式的范围，改组这一地区以对其有利（页25）。

这份战略报告对中国体现出强烈的戒心和对立心理，

几等于把中美之间的关系看成是一方所得为另一方所失的零和关系。在其对各地区战略部分,则无不是每每提及中国在该地区扩大影响,继之再述美国又当如何如何。从字里行间,可以看到美国的一个深层心结,即在该战略报告看来,过去三四十年间,美国希冀经由各种各样的接触(engagement)来改变中国,使之"更像我们(即美国)"(more like us),"数十年来,美国的政策植根于一种信念,即支持中国崛起和融入战后国际秩序将使中国自由化(liberalize China)。与我们的希望相反,中国以他国的主权为代价扩大了力量"。报告宣称,大国竞争又回来了。中俄开始在地区和全球范围内重新声称其影响力。今天,它们在把军事能力投入战场,旨在危机时期拒止美国介入,在和平时期与美国在关键商业区域以自由行动的能力竞争。简言之,它们在与美国的地缘政治能力竞争,试图改变国际秩序以对其有利(页27)。

也就是说,多年过去了,中国并没有像美国所希望的那样变成一个"自由主义的"(liberal)国家,而且在不少方面构成为对美国的挑战(challenge)。这成为当今美国政策制定者一个深层"忧患"。学者张爽指出,把与美国的不同看成是对美国的威胁和挑战,"这是美国民族主义思想存在的最大问题"[1]。"缺乏换位思考会造成偏执,而过分的偏执

---

[1] 张爽:《美国民族主义——影响国家安全战略的思想根源》,北京:世界知识出版社,2006年,第282页。

会造成罪恶"①。

既然过去多年的做法和思路不成功,那么,符合逻辑地,特朗普治下的美国就要改变过往的做法了。问题是,特朗普能够走多远? 今日之美中,大异于昔日之美苏处,在于当年对立的双方在军事上和经济上都分别领导两大阵营、两大集团,相互对峙对立,而今天中美之间则是已经日益紧密不可分地相互融合。这一情势下,美国何以自处?

四、结　论

在特朗普入主白宫、给世界及当今各种关系带来了极大不确定性的背景下,《美国国家安全战略》报告出台,试图在特立独行的"非典型总统"主政条件下,为美国这届政府的内外战略和政策"校准"和确定"正确"方向。它对于我们了解和把握这届政府政策制定者的思想和思路,具有重要研究价值。至于报告所言是否都会成为政策,则受到多种因素的影响,涉及它政策过程中得到贯彻的程度,各具体工作部门吸收、执行的意愿和力度。但特朗普政府首份 NSS 报告体现了共和党建制派的若干重要政策思想和思路,殆无疑问,因而值得给予足够的重视和研究。

（载《国际关系研究》2017 年第 1 期）

---

① 张爽:《美国民族主义——影响国家安全战略的思想根源》,北京:世界知识出版社,2006 年,第 282 页。

简议美国"战略再平衡"

近一时期,美国在进行所谓的"战略再平衡"。"再平衡"即重新平衡,是对"失衡"的反拨和纠偏。美奥巴马政府想做的,是欲纠布什政府八年之"偏"。在它看来,"9·11"事件发生后,美一头扎到了反恐战争之中,但伊拉克和阿富汗这两场战争,消耗了美国太多的资源,牵扯了过多的精力,而对亚洲却出现了"战略忽视",其或隐或显的潜台词,是中国在亚洲夺了美国的"地盘"。

于是,美国欲纠偏和进行"再平衡"。希拉里·克林顿最近的亚洲之行,是这一"再平衡"方针的反映和继续。美国国务卿的各项活动中,包括出席东盟地区论坛(ARF)会议。

东盟地区论坛虽以东盟命名,实际是亚太地区一个重要的多边安全论坛,有多达 27 个成员参与。作为美国务卿,这次是希拉里·克林顿第四次出席一年一度的 ARF 会议,可谓一次不落,这与过去赖斯在做国务卿时四年里曾两度缺席颇为不同。

就是在两年前的 ARF 会议上，由于这位国务卿的"重视"，中国南海问题一下升温。她堂而皇之地以维护南海航行自由的面目出现，把本来并不那么突出的南海问题煽了起来。其实，多年来南海航行自由并不成为问题。大讲南海航行自由，针对中国做文章的意图颇为明显。此后该问题持续发热，以致"树欲静而风不止"。

奥巴马政府采用的一个重要手段，借用过去的一句话说，是挑动"群众"(一些亚洲国家)斗"群众"(另一些亚洲国家)。平心而论，美国可加以利用的情势，在这一地区实在不缺少，其中包括本地区依然存在诸多悬而未决的领土海洋权益争端，且中国周边一些邻国对中国的持续发展和力量持续上升怀有疑虑(希望不是疑惧)。

美国政策制定者正是利用了这些可以利用的情势，在安全和经济两大方面进行着它的"再平衡"。

安全上，近年美国利用"天安号"事件和延坪岛炮击事件拉紧美韩同盟；利用中日钓鱼岛撞船事件和日本大地震拉紧美日同盟；渲染中国"咄咄逼人"，借菲、越扰动东南亚国家与中国的关系。一些美方人士曾试图说明，华盛顿并未鼓励菲律宾对中国采取对抗姿态，固然不无道理，但却无法否认菲律宾的"活跃"与美国之间的联系，比如今年早些时候举行了史上第一次美菲外交、国防部长"2＋2"会谈及美向菲提供军火和较先进装备，菲是否从中得到了某种"启示"？也许不是无意义之问。

美国在经济上的战略性举措，是紧抓"跨太平洋战略经济伙伴关系"(TPP)为其所用。这TPP,本是新西兰、新加坡、文莱和智利四国在它们之间商谈新的贸易投资等安排。2009年美国加入,TPP一下子身价百倍。目前TPP九国在接连进行多轮谈判,今年5月的第12轮和7月2—10日举行的第13轮谈判,分别在美达拉斯、圣迭戈市举行。据美贸易代表办公室称,谈判代表们在海关、跨境服务、电信、政府采购、竞争政策、能力建设等方面取得了重要进展。此外在原产地、投资、金融服务等领域也取得了某些进展。TPP当前的目标是在今年年底前完成谈判。之后加拿大、墨西哥可望较快正式加入,日本则正在与有关国家就TPP问题进行双边磋商。国务卿希拉里·克林顿在东京逗留期间的一次讲话中说,TPP不过是美加强对亚太关注的要素之一(The TPP is just one element of our increased focus on the Asia Pacific)。然而,这不是个小要素,而是关键性要素。至于TPP的预期目标能否如愿实现,自然还要看谈判的进展情况。

对亚洲不少中小国家来说,美国的"战略再平衡"过于偏重安全和军事方面,对其可持续性有疑问。实际上,本地区的诸中小国家虽然希望大国之间相互制衡,但并不想看到中美之间关系紧张,很不愿在中美之间选边站队,或被迫这样做。很多时候,我们不宜简单化地使用"东盟"一语,因为这容易使人忽略十国间由于地缘政治和利益差异而存在的政策差别。

中美之间要"加强互信"已谈论多年,但很困难,归根结底还是在于双方对各自战略地位消长存在担忧。这种担忧在相当长时间内都难以消除，而互疑却可以"油然"而生。两年前，美国在 ARF 会议上制造"意外"，逼迫中国不得不反击，之后中美之间建立了亚太事务磋商机制，迄今已进行了两次。此次美国国务卿在展开亚洲之行前，特意派助理国务卿坎贝尔来到中国，协调双方应向外界发出何种信号，避免再次出现"意外"，也属预防性之举，说明美国也不想剑拔弩张。比较现实的可能，恐怕还是"管控"二字，即双方如何管控好亚太地区与双方有关的那些问题。

人们也不应忽略最近的发展所反映的另一方面的问题，即并不是所有人都那么欢迎美国"再平衡"的一些做法，谋合作、求发展恐怕是本地区更主流的诉求，对此，我们应该有足够深刻和准确的认识。只有如此，包括我们自己在内的亚洲国家，才不致迷失在令人眼花缭乱的言辞和事件中。

（载《解放日报》2012 年 7 月 16 日）

行稳致远　经略亚太

美国总统奥巴马结束了备受瞩目的亚洲四国之行，各方评价毁誉参半。从美方来看，除了美日有关TPP的谈判止步不前、未能实现突破外，此次亚洲之行大体上达到了预期目的。

奥巴马此行，一定程度上是一次亡羊补牢之行。去年，由于美两党政争导致预算案无法通过，以致政府停摆，奥巴马无奈之下不得不缺席在东南亚举行的APEC会议及早已计划好的对亚洲数国的访问。美国在国际上的形象和施政能力因而饱受质疑。从这个意义上说，此次的亚洲之行是一次从去年推迟下来的访问，是一次弥补之旅，原先列入日程的是日本、马来西亚和菲律宾三国，后来加上了韩国。中国则是奥巴马虽未到访而又无处不在的"第五个"国家。

我们可从安全和经济两大方面来分析奥巴马的亚洲之行。

总体而言，此访是美国向亚太再平衡举措的一个继续。再平衡的支柱之一是在安全上拉紧美国与一些亚洲国家的双边同盟关系。此次的四国中，有三个是美在亚洲的盟国，这个简单的事实就能说明一定的问题。近年来，东亚西太平洋地区出现了一些纷争，为美国提供了可资利用的抓手。为了满足重要盟国日本的要求，显示这一同盟关系的可信度和美国的安全承诺，奥巴马明确表态美日安保条约适用于"尖阁诸岛"即我国钓鱼岛。过去，美政府官员不止一次作如此表态或声明，其中包括国务卿和国防部长。而此番第一次由总统口中说出，分量自然又加重了，对日本来说自然是"得分"，中国理所当然地对此表示了坚决反对。本来，钓鱼岛之争已在降温。这一来又成余波荡漾的又一波。强化同盟关系，常被人称为"冷战思维"的表现。问题是，除了制度惯性外，它为什么能继续存在呢？恐怕是因为双方各有所需，也能从中各"取"所需。于是，这种同盟关系便得到保持，甚至还能有所发展。反过来，当同盟存在的必要性下降或消失时，才能对同盟产生一种釜底抽薪的作用。

现实中的情形往往是更为复杂的。美菲签订《加强防务合作协定》，是近些年美菲关系发展演变新的一步，不能不说跟南海形势有着千丝万缕的联系。在南海问题上，各方关系越紧张，有关国家就会越有"理由"引域外大国进来而加强自身力量，从而使形势更为错综复杂。这也跟菲律宾国内政治发展有关。20 世纪 90 年代，中、菲、越三国有关部门曾联合进行南海有关海域油气开发的前期勘测工作，谈论了多年的"共同开发"终于有了一个开头。但很遗憾，这时菲律宾国内政局发生变化，对中国疑虑更深的政治力量上台执政，影响到了三国的合作勘测，结果，本来有了一个良好开端的合作勘测不了了之，十分可惜。

在经济方面，奥巴马亚洲之行的重要目标是推动 TPP 谈判取得实质进展从而力争早日达成协议。此行访问的四国中，有两个国家（日本和马来西亚）是 TPP 谈判方，而韩国也已明确表示出了兴趣。其中，日本是个核心问题，因为，TPP 谈判在日本这儿"卡壳"了。在五种农产品（大米、小麦、乳制品、糖和牛羊肉）开放市场问题上，日本在国内政治上存在很大困难。因此，借总统高访之机推进美日磋商从而推进整个 TPP 谈判就成了题中应有之义。奥巴马到达日本前，双方就已在谈判代表和部长级两个层次上反复商讨，讨价还价，力求缩小分歧达成交易，为总统的到访送上一份大礼。然而，直到奥巴马离日，美日谈判依然功败垂成。这一"城"，美国没能攻下来，整个 TPP 谈判的未来变得不太明朗。谈判的完成一再推迟。在美国国内，总统无法从国会那里得到对外贸易谈判的"快速审批权"，也无助于其他谈判方对 TPP 的信心。这样，推进 TPP 的艰难，成为对相关方的一大挑战。按目前的日程，当 5 月间 12 国的代表再次聚首时，面临的恐怕是向何处去而不是结束谈判的问题了。

至于说奥巴马没来中国，实不足为奇，因为，在日程安排上已经有 11 月奥巴马将出席北京 APEC 领导人会议这一中国之行。以美国的一超地位，总统一年中两次访问亚洲，可说已近极限。对中国来说，既要看到形势发展存在挑战的一面，又要不计较一城一池的得失，处之泰然，从容以对。奥巴马关于美日安保条约适用于钓鱼岛的表态,把层级提高到最高一层,这是使中国很不满意的。另外,在名称上,美国一向只称呼"尖阁诸岛"而非"钓鱼岛",也没有二者并用,本身就表明了美在这一问题上的失衡。同时也要看到,美方的表述只是重申此前美方已经讲过的话,并要求日本和平解决,勿要升级。无论如何,天塌不下来,中国大可不必着急。在钓鱼岛问题上,我们通过巡航执法已经在事实上形成了中日两国共管诸岛的局面,从而打掉了日本所谓"中日之间不存在领土争议"一说,现在全世界都已看到了这一争议的存在。最近,中日之间有一些良性互动,4月下旬东京都知事舛添来华,在青岛举行的西太平洋海军论坛有日本代表团出席,中方则有4月上旬胡德平赴日。胡虽无官方职务,但因其是当年邀请三千日本青年访华的胡耀邦之子,身份不一般,日方安排了安倍首相会见。这说明,双方都有缓和关系的愿望。在南海,解决问题很难,甚至降温都不易,而且也不取决于中国一方,但总体局面是可控的。毕竟"和为贵",历史的经验告诉我们,在争议问题上,凡是持久的解决办法都是经由和平谈判达成的。这是一个有关各方应该坚持的方向。解决问题需要时间,需要耐心,我们应按照周边工作会议确定的基调,把"亲、诚、惠、容"四字方针落实好,落到实处。如是,一个和平、安定、建设性的周边局面终究是可以期待的。

（载 2014 年 4 月 30 日《文汇报》第 6 版）

第六轮中美战略与经济对话

2014年7月10日,第六轮中美战略与经济对话在北京落幕。对话名副其实,波澜不惊。如果说,两国间超过5000亿美元的年双边贸易额是双方关系的"压舱石",那么,战略与经济对话就是这一关系的"稳压器"。

去年6月,中美两国元首在加州安纳伯格庄园会晤,双方在最高层级上深入进行沟通,并对中美关系进行了规划,努力探求中美关系发展的正确方向。中美构建"新型大国关系"一时备受关注。庄园会晤的积极意义是毫无疑问的,当然,它的局限性和阶段性也是显而易见的。这一年来,中美关系中逆风不断,中国周边颇不平静,美国因素若隐若现。今年4月,美国总统奥巴马在访日期间,高调宣示美日安保条约适用于钓鱼岛,未能在中日之间保持足够的平衡,自然引起中方的不满。5月,美国有关部门指控五名中国军官通过网络"窃取"美商业公司机密,并宣布对其起诉。如此种种,都损害了中美间本就程度不高的互信,也破坏了庄园会晤后出现的积极气氛。

大凡长期关注或研究中美关系的人士,对这种情形的出现都不会感到惊讶或难以理解,而是会有思想准备。原因在于,35年来,中美关系就是在这样的起起伏伏中过来的。更宏观地看,现状大国和新兴大国之间的关系从来都不是容易处理的。中美之间既合作又竞争,既竞争又合作,合作中有摩擦,摩擦中有合作的关系状态将会持续很长时间。而在战略层面上,情形更为复杂,与其说互信,还不如说是互疑更占据主导地位。于是,就长期而言,中美战略互疑一时无法改变,近期则多个具体问题纷扰。在此情形下,如期举行此次的第六轮战略与经济对话,其意义也就显示出来了,这就是管控分歧,并力争在尽可能多的具体领域中取得进展,从而实现稳定双边关系的阶段性目标,并继续在两国关系的增量上做文章。

此次的第六轮对话实际上包含了三个部分。

一是经济对话。经贸关系是中美关系的重要基础。经贸关系取得长足进展固然不能“一俊遮百丑”,但若无此基础,则中美关系将变得极为脆弱,殆无疑义。所谓“压舱石”,此之谓也。中美投资协定谈判是近年两国间的一件大事。在去年的对话中,两国达成共识,即除了负面清单中明确提到的领域外,该协定将适用于两国经济中的其他所有领域,只要是未禁止的都是允许的。在此次对话中,双方就投资协定(BIT)谈判达成“时间表”,同意争取2014年就BIT文本的核心问题和主要条款达成一致,承诺2015年年初启动负面清单谈判,取得了重要进展。

二是战略对话。双方分别由国务委员杨洁篪和国务卿克里领衔。实际上，不大为人注意的还包括在此框架下举行了第四次战略安全对话，由两国外交部门的二把手领衔而有军事防务部门的相关人士参与。以往每当中美关系有什么风吹草动，军事交流项目总是率先受到波及。现在，即使存在问题，军事领域的互访和对话照常开展，这是两国关系变得更为坚韧的体现。

三是人文交流高层磋商。这一机制建立于 2010 年，今年首次与战略与经济对话同步举行。这样的"并轨"，无疑提高了几个对话机制的效率。

此次对话还具有前瞻的意义。2014 年 11 月，中国作为东道国将在北京主办召开 APEC 系列会议，奥巴马总统将出席 APEC 领导人会议并访华。这将是中美之间又一次重要的高层访问。此次战略与经济对话，在一定意义上也为 11 月奥巴马的访华做了铺垫和准备。各种对话的机制化，以及高访的常态化，本身就表明了中美关系正在逐渐趋向成熟和具有韧性。

（《新民晚报》2014 年 7 月 11 日 A10 版）

中美能够避免迎头相撞

根据我的理解,《浙江社会科学》这一期"之江论坛"主题的选择,是肇因于不久前习近平主席的访美之旅。自2014年以来,美国出现了新一轮的对华政策辩论,不乏强硬之声,而当前,美国又处于新的一次总统竞选过程中。在这一背景下,习近平主席9月对美国展开国事访问的意义在于:如何通过最高层的沟通来管控双方分歧,稳定双边关系,使中美关系能够保持在健康发展的轨道上运行。

习主席的访问本身自有其短期的意义,但中美关系要以更长远的眼光来看。过去36年来,中美关系实现了巨大的发展,这体现在几乎所有领域,对于两国和两国民众都具有重大而积极的意义。1979年初中美建交与中国的改革开放的开启是同步的,中美建交成为改革开放得以稳步推进的重要条件。中国走上改革开放的新道路,需要获得资金、技术以及营造和平安定的国际环境等,没有中美关系上的突破是不可能做到的。36年来,中国的现代化建设取得了重大成就,国力大为增强。2014年中国经济总量达到

63.6 万亿元,折合成美元为 10.4 万亿,稳居世界第二位。中美两国之间的国力差距已大为缩小,这反映在中国经济占世界经济总量之比已达到 13.3%,比 2010 年提高 4.1 个百分点。与此同时美国经济占世界经济总量之比有所下降,目前还在 20% 以上,但二者的差距已经大为缩小。在 30 多年间,我们集中力量进行经济建设,使国力上了一个台阶再上一个台阶,到 2020 年左右有望全面建成小康社会。这就是战略,这一战略获得了成功。

　　然而在太平洋彼岸,这样一种状况引起了美国某些精英人士的焦虑,促发了新一轮的对华政策辩论,加上近年来在中国周边地区尤其是在南海和东海出现了一些事态,美国战略界对中国目前的状况与未来走向产生了新的评估和看法(perception)。日益弥漫的一种思想认为中国在安全上正变得咄咄逼人,试图把美国的势力驱逐出亚洲;经济上,中国 GDP 有超越美国的势头。由此,他们反思美国对华战略是否出了问题。过去 30 多年美国的对华战略,其主导性思路是通过与中国的接触交往(engagement),引导中国开放,接受国际规则和准则,从而融入以美国为主导的世界经济政治秩序之中。现在突然间惊觉,这一战略似乎不成功,因为中国不仅在政治制度上没有接受美国式的"自由民主",在对外政策上还排挤美国的势力,因此他们提出应大幅修正美国的对华战略。这种看法在当下的美国有一定市场。在此条件下,新的一轮总统竞选正在进行中,各种力量、智库和组织都试图提出自己的主张,以影响未来新一任总统和新一届政府的内外政策。可以预计,从现在到 2016 年 11 月大选,我们将会看到美国各种机构和组织都会对包括美国对华政策在内的外交政策提出各种报告。

以上的种种,我认为产生于我所称的"超级大国情结",即作为超级大国的美国,把保持其作为唯一超强的首要地位(primacy)视为生命,始终担心和防范世界上新出现的力量影响甚或取代美国的首要地位,对这些力量的发展保持警惕。过去美苏争霸,美国处心积虑地要把苏联打下去,到 20 世纪 80 年代终于找到了机会,把苏联搞垮了。在此前后,日本成了世界经济大国,全世界都是日本货,而美国经济不振,于是在美国出现了大肆渲染的"日本威胁"论,而日本则飘飘然,头脑发热,包括一心收购纽约洛克菲勒中心以及夏威夷房地产等,加剧了美国的"日本威胁"论,最后攻守之势倒转,日本走了下坡路。

现在,随着力量对比的变化,又出现了对中国国力和"中国威胁"的渲染。2014 年世界银行根据"购买力平价"法,算出中国的 GDP 已超越美国,实在不足为训。对此我们应始终保持头脑清醒,不要被一些说法"忽悠"了。

不过中国国力的确在上升,美国战略界对中国的警觉之心也随之上升。在这一背景下,美国学者 G. 艾利森提出了"修昔底德陷阱"的说法,这一说法来自修昔底德对伯罗奔尼撒战争的解读,认为这场战争的发生是由于"雅典势力的增长引起了斯巴达的恐惧",从而使战争"不可避免"。艾利森把此说借用过来类比当今的中美关系,我们国内有不

163

少人跟着这一说法讨论,话语首先就是别人的。习主席在西雅图的演讲中讲得十分巧妙,即世界上本没有什么"修昔底德陷阱",但如果发生了战略误判,就会陷入这一陷阱。我个人对"修昔底德陷阱"的说法持质疑态度。首先,修昔底德把战争的发生原因解读为"雅典势力的增长引起了斯巴达的恐惧",是否真是如此,就有疑问。即便真是如此,由一场战争概括出来的东西是否能推而广之及于其他乃至若干个世纪后的情形?这里边大有疑问。在不同的时空条件下,简单类比可能造成误导,更不用说今天的核时代,"相互确保摧毁"的可能性有别于此前的各个时代,情况存在明显而重大的不同。其次,今人对修昔底德的理解是否正确也有疑问。最重要的是,我从根本上质疑"不可避免"这一说法。这是一种"决定论",我对各种决定论都持怀疑态度。将从某场战争中概括出来的问题加以泛化的运用,也即某一大国力量增长了,引起了现存大国的恐惧,因此战争便不可避免,对此逻辑我不能认同。对中美关系用"修昔底德陷阱"进行解读,是一种简单化的类比,存在诸多逻辑上的问题。按照这种逻辑,似乎战争是由于某一个大国力量增长而发生的,照此推论,那就意味着他国力量不增长才对,而现存大国则不需承担任何责任,这是荒谬的逻辑。我认为,由于时空条件存在很大的不同,这样的简单类比是不成立的。

在10月举行的第六届香山论坛上,中央军委副主席范长龙强调要和平解决争端,不轻易诉诸武力解决国家间的问题,不轻易动武。在中国领导层,这是一个极为重要的思想,并不是随口说说的,而是明显具有共识和较牢固的基础的。我认为,和平作为一种价值,在今天的中国是得到了确立的。当今世界,和平是一种得到普遍支持和赞赏的价值,没有谁声称不要和平或反对和平。和平作为价值,具有优先性,它是高于其他状态的状态,是目的,而手段应服从目的,服务于目的。

总体上,我对未来中美关系抱持一种谨慎乐观的态度。无疑,未来相当长一段时间内,各种各样的疑虑和摩擦仍会存在,但中美两国应从各自的根本利益出发妥善处理。只要双方能够有效管控好一些问题,尤其是西太平洋地区的南海和台海等问题,我认为中美两国能够避免迎头相撞。

(载《浙江社会科学》2015 年第 11 期)

日本的集团主义与"责任缺失"

——战后70周年之际的思考

第二次世界大战和世界反法西斯战争结束有70年了，当年挑起和发动战争的祸首德、意、日等国的战争罪犯，经由纽伦堡审判和远东国际军事法庭的东京审判，受到了应有的惩罚。在欧洲，联邦德国脱胎换骨，彻底否定了纳粹德国的过去，走出了一条和平发展的道路，赢得了世界各国的肯定和尊敬。而在亚洲又如何呢？不能说发动侵略战争的日本对它作为加害者的过去没有做出一点反省和道歉，比如战后50周年之际，时任日本首相的村山富市所发表的谈话，还是值得人们首肯的。可与此同时，作为一个民族的日本对于它的那个过去，却总是闪烁其词，态度暧昧，让人听了看了之后不知道其内心究竟作何想法，这就很值得讨论了。

这一点，不光是作为日本邻国的中国和韩国强烈地感受到了，就连作为关键盟国的美国也感受到了。我曾经在纽约参加一次国际会议，听到前美军高级将领卡尔·艾肯伯瑞的主旨发言。这位将军曾先后出任驻阿富汗美军最高指挥官和美国驻阿富汗大使。他自述曾与一群美军军官一起参观广岛的原子核爆纪念馆,参观结束从里面出来时,心里感到非常不安,说不出来是何滋味,因为核爆纪念馆的整个叙述基本只讲广岛市民怎样遭受了美国的原子弹攻击,以及由此而产生的各种后果,却不讲为何会有这一灾难。整个叙述几乎没有一个脉络和前因后果的交代,这使美国参访者颇感困惑。事实上,广岛之遭受原子弹轰炸,首先因为日本是加害者,是日本发动侵略战争所带来的,也是当时的日本统治者"一亿玉碎"的疯狂所造成的。这历史的因果难道还不清楚吗?可是,广岛纪念馆的叙述笼罩了一种朦胧和暧昧。

这样的例子是大量的。曾任日本首相的福田赳夫写过一本回忆录,他在书中这样写道:"国民储蓄不仅是战争经费筹集的重要来源,也是防止通货膨胀不可缺少的手法之一。据推算,1942 年(昭和 17 年)的国民总收入的 60％都转入了储蓄。老百姓只是靠着收入的三分之一左右养家糊口,由此可见国民的爱国心是如何的旺盛。"[1]这段话至少反映出两个问题,一是当时的日本国民以高储蓄支持了对外侵略战争;二是作为政治家的福田赳夫以赞赏的笔调肯定这种"爱国心",这是对这场侵略战争持暧昧态度的又一例。

---

[1]　福田赳夫:《回顾九十年》,北京:东方出版社,2008 年,第 36 页。

一言以蔽之，70年过去了，日本仍然没有能够走出"战败"。这就向世人提出了一个重要问题：为什么会如此？在很多通情达理的人士看来，那一历史应该不是一个那么难处理的问题，只要当今的日本彻底否定和谴责过去发动的对外侵略战争和实施的战争暴行，彻底与那个过去切割，问题本来是应该早已经解决了的，然而现实却不是这样。

早在20世纪70年代初，周恩来总理在会见日本客人时，把当时的日本人民与发动侵略战争的日本统治者作了区分，称这笔账应该算在日本军国主义头上。作为政治家和外交家，周恩来总理这样言说无可厚非，也理应得到日方的赞赏。然而历史事实也告诉我们，当年日本发动给邻国带来深重灾难的对外侵略战争，并不是少数统治者的对外侵略战争，而是全体日本国民卷入的对外侵略战争。这有大量事实为证。1937年侵华日军攻占中国当时的首都南京时，日本国内民众举国欢庆。后来日军又攻占华中重镇武汉，日本国民也同样欢呼庆祝。那些在各国实施了杀戮及其他各种残暴行为的日军官兵，大量地产生于日本的产业工人和普通农民，很多人都是踊跃地从军并奔赴战场的。正如有人所描述的，那时的日本，从东京到仙台，从熊本到金泽，从京都到名古屋，很多城市都出现狂热的出征场面。这些即将踏上侵略之旅的士兵，在城市的主干道上列队而行，两旁是挥舞着旗帜的民众。有的士兵在人群中发现亲人，就上前拥别，然后揣上一片"千针缝"。当侵略战争陷入颓势及至节节败退时，日本的全体国民则响应号召捐献出家中的铁制品等金属,拿去让兵工厂制造杀人的武器供给前方……

因此,当年日本国民以不同的方式参与了对外侵略战争,这是一种集体行为,并不能说他们那样做完全是因为受了蒙蔽。甚至连日本随军慰安妇"工作"完了之后也要对日军士兵说"请多关照""拜托了"之类的话,激励其斗志,这也算是一种参与方式。

种种事实都说明,日本作为加害者而不自知,今天又对过去的行为态度暧昧,模棱两可,一定存在着某些思想文化上的深层原因,一定存在着日本民族的某种思维根性,这是需要学术界深入研究和深长思之的。经常令人感到纳闷的是,这些人怎么没有正义观念和是非感? 怎么没有因果观以至于只看一点,不及其余? 这包括我素所尊敬的一些日本有学术地位或有社会地位的人士的观念,前大藏省审议官 X 谈及日本吞并朝鲜半岛时的"条约就是条约"论,前东京大学教授 Z 谈及日本加害别国的历史时的轻巧语气,庆应大学教授 T 听到别人提及日本侵略历史时的"不可接受"论,以及安倍晋三的"侵略"无定义论,等等,所折射出来的似乎不仅仅是无知,也不仅仅是信口开河,更重要的也许是反映出了他们内心中百般不情愿听到或被提及日本作为加害者的历史。一言以蔽之,这是一个暧昧的日本。

那么,究竟谁应为日本的对外侵略行为负责? 答案不会是很简单的。当年裕仁天皇的战争责任,作为一个复杂的问题当然需要另外专门讨论,但自 1978 年东京审判中所确定的甲级战犯的牌位被移入靖国神社后，裕仁天皇就表示了厌恶，并从此拒绝前往靖国神社，这还是应该肯定的。后来继位的明仁天皇也延续了这一态度和做法。然而，日本的很多政客却并非如此，其思想认识和境界似乎不及天皇远甚。

靖国神社内有个叫作"游就馆"的博物馆，它以颂扬的态度看待日本发动的历次对外侵略战争。它展出日本军人用过的军服、军刀及其他遗物，配以文字说明，颂扬他们的"为国捐躯"，等等。这就使人禁不住要问：难道这些是正义的战争吗？这些战争应由今天的日本人来歌颂吗？如果这些是正义的战争，那邻国或别国国民的受害岂不是变成应当的了？无论如何，事情的性质才是根本性的问题，而对事情的性质，作为一个民族的日本又是怎样认识的？

众所周知，1937年12月，在当时中国的首都南京发生了一场大屠杀，遭到大屠杀的具体人数，因年代久远，或许难以统计得很准确，历史学者中间也有不同看法和估计。然而这起事件是大屠杀，这一性质，难道还有什么疑问吗？可在日本，就是有不少人对事件的性质问题视而不见，专门纠缠于遭到屠杀的具体人数。并不是说人数问题不重要，而是很重要，但性质的问题毕竟最重要，如果对此视而不见，那就是舍本逐末，需要问为什么了。

日本在多年间发动的对外侵略战争，给别国民众造成了深重灾难，也给自己带来了噩梦。最终，日本宣布无条件投降，并在投降书上签字。战争结束后，理所应当地要追究战争责任,远东国际军事法庭经过长达两年多的取证、审判等工作后做出明确的结论,东条英机等14名甲级战犯被宣告有罪,从此被钉在了历史的耻辱柱上。那天皇呢？天皇当然是有战争责任的,涉及战争的最重大的决定通常是在"御前会议"上做出的,但战后单独占领日本的美国出于复杂的动机和美苏冷战的需要,保留了天皇制,也使得天皇没有被追究责任。若非战胜国美国占领,若非成立远东国际军事法庭审判战犯,若是换了日本人自己处理,是很有可能不对任何人追究责任的。

这么看并非没有根据,我们可以看看2011年东日本大地震、福岛第一核电站发生严重核事故之后的情形,可以得到印证。

到2015年3月11日,东日本大地震已满四周年。四年前,日本东北地区发生史上最强烈地震,地震造成的严重后果之一是福岛第一核电站遭受重创,大量海水冲击福岛核电站,造成核反应堆熔毁和爆炸,发生了自1986年切尔诺贝利核事故以来最严重的一场核灾难。据国际防止核战争医生组织估计,日本全国将有数万人因辐射患上癌症。根据计算,这一数量将在8万至12万之间。报告称,还应考虑到因食用受到放射性污染的食物而患上癌症的情况。该组织估计,通过这种方式患病的人数约为3.7万人。当然,这是一家之言,还可能有与之不同的估计。四年前的3月14日,发生放射性物质大量额外泄漏现象。当时不少美国专家建议日本赶快把海水引进去,以降低堆芯的温度。

但是日本东京电力公司为了保住自己的核电站,不愿意把海水注入进去,因为海水中有很多盐分,会把反应堆外边的容器腐蚀掉,这个反应堆就报销了。其结果,日本应对福岛核事故的措施可以说相当不力。因此之故,福岛核事故当然是天灾,但也是由于应急措施不当所造成。核事故发生后不久,日本政府就遭到福岛灾民和中国等周边国家指责事故真相和处理手段不透明,真相与责任十分朦胧。

然而,时至今日,无论是核电站的管理者东京电力公司,还是作为政府机构的日本原子能安全委员会,或是其他相关机构和人员,竟无人出来为这起严重的核事故负责,也无人遭到问责。什么原因?问及日本有关人士,得到的回答是集体为此事故负责。这就有意思了,什么"集体"呢?集体是由个人组成的,如果是一个模糊的"集体"为核泄漏负责,那就等于没有人为此负责。这样一来,也就谁都"无责任"了,怎么会这样呢?

根据牛津英语辞典,问责是要求为失败、不胜任或欺骗等而接受或承担某种责任。种种现象表明,在日本,很大程度上存在着"责任缺失"。谁都有责任,又谁都没有责任,连核泄漏这样重大的事故竟也可以无人负责任。

与之密切相关的是"集团主义",也有称为"集体主义"的。日本知名社会人类学家中根千枝曾经指出,日本集团的渊源和人文关系都是一对一的关系:"强调专一的、笃实的忠诚。……以人的共同组合为基础组成的集团,往往自成一个封闭的世界。"[①]"我们"与"外人"泾渭分明。由此便可理解多年间日本为何对外国移民采取一种十分封闭的态度和政策。

另一位日本学者长谷川启之则称之为"日本的集团志向",它的含义是个人(利害)即集体(利害),抑或集体(利害)即个人(利害)。它不是个人与集体相对立的关系,而是以相互共同生存为目标。个人即集体与集体即个人这两者不是对等的关系,任何时候集体和组织都处于优先地位,正因为只有通过它才能使自己得到满足,所以只好这么做。在日本的情境下,无论怎样给集体主义下定义,在集体和组织的名义下(尽管程度不同)干涉和强制的机制都将发生作用。在集体主义下,个人与集体的关系不是个人与集体的对立关系,而是一体关系。长谷川还区分了两种集体主义,一种是集体和个人处于对等的地位,称为"协调型集体主义",另一种则是集体优先于个人,称为"支配型集体主义"。日本的集体主义大幅度偏重于支配型的集体主义。日本集体主义中的支配一面是集体中有某种凝聚力在发生作用,集体之和优先得到维持,集体所得更加易于受到重视。[②]从这里,或许可以窥见日本式思维的密码,即集团本位。

由于个人与集体是一体的,而且集体处于更优先地位,

---

① 中根千枝著,许真、宋峻岭译:《日本社会》,天津:天津人民出版社,1982年,第23-25页。

② 长谷川启之著,郑树清等译:《亚洲经济发展和社会类型》,上海:文汇出版社,1997年,第267-275页。

于是就需要维护好自己所在的集体，否则个人就会处于无依傍的状态。国家作为一种集体就是这样，于是国家便成为需要维护的一个集体，包括它的名誉、面子、利益等，使其不至受到损害。而"战败""殖民统治""对外侵略""大屠杀"等大约都被看成了有损于国家这个最重要集体的名誉的东西，于是，岛国的人士们便想出了种种暧昧的字眼来予以"维护"，诸如"战败"变成了"终战"，"侵入"变成了"进入"，"性奴隶"变成了"慰安妇"，等等。在这种根深蒂固的心理下，侵略邻国的历史能够回避就尽量回避，能够不提就尽量不提，就好比鸵鸟一头扎进沙子中，仿佛什么都没有看见因而也仿佛不存在一样。

然而问题恰恰是，越是回避躲闪，问题就越是得不到解决。越是想维护什么，却越是维护不住，从而成了一个悖论。与之相反的是，越是采取直面的态度，就越是能够获得他人的理解和宽恕，战后的德国便属于这后一种情形，而日本则属前一种情形。在当今日本政治右倾化的氛围下，已经出现了种种效果适得其反的行为，如美国麦格劳-希尔出版公司出版的世界历史教科书中写了战争期间日军强征慰安妇（即性奴隶）的事实，日本政府派人出面要求该公司做出删改，这理所当然地遭到了对方的拒绝。最近，19位美国历史学家发表共同署名的公开声明，支持麦格劳-希尔出版公司，同意作者之一的赫伯特·齐格勒的立场即任何政府都没有权利删改历史。他们表示站在中国等国的历史学家一边，努力把包括强征慰安妇在内的战争罪行告诉世人，因为研究历史是为了从历史中学习。

又如，2015 年 8 月战后 70 周年之际发表的"安倍谈话"，当事者想方设法试图淡化、弱化措辞，自然遭到质疑，人们纷纷要求其继承 1995 年村山谈话的精神和措辞，否则日本将失信于世界。更令人瞠目结舌的是居然还有人拍摄了电影《永远的零》，以积极口吻肯定神风特攻队员的"视死如归"。那，请问这世界上什么是黑、什么是白？

70 年过去了，日本民族仍然需要灵魂的拷问，需要为过去承担起应该承担的责任。70 周年是对日本的一次检验，也是日本给世界一个说法的机会，且看日本拿出一个什么样的答案。

（载《新民晚报》2015 年 3 月 31 日专版）

暧昧日本的暧昧态度

最近,正在缅甸访问的日本首相安倍晋三前往仰光市远郊一处由日本人修建的二战阵亡日军墓进行了"祭拜"。联想到今年早些时候其副首相麻生太郎在访缅期间也有类似举动,以及近来的"慰安妇必要"论等,不禁令人感慨日本政治人物价值观的紊乱。

想当年日本发动对外侵略战争,给被侵略国家带去深重的灾难,也给本国民众造成巨大创伤,历史早已证明应该彻底否定和断然谴责。设想一下,假如日本作为一个国家和民族能够这么做,加上战后走上和平道路,这样一个"历史问题"本应早就得到解决,而不至于一再成为日本与邻国发生龃龉的导火线。遗憾的是,实际情况并非如此。并不是说所有的日本人对历史都没有正确的认识,但从其作为一个民族整体来看。不能不让人感到其模棱两可,暧昧不清,具体的表现之一,就是执掌或大或小权力的政治人物一而再,再而三地做出举动,发表言论,不是否定过去那场侵略战争,而是闪烁其词,态度暧昧,甚至百般狡辩。

我个人在这些年间也多次遇到类似情形。有一次在国外参加一个亚洲问题国际研讨会,有与会者对日本一些人士的不当言行提出批评,对日本过去的侵略战争提出了理所应当的否定看法,没想到这竟激起了在场的一位日本教授可称强烈的反应。这位教授曾留学美国,英语流利,所表达的看法也很清楚,即有关的批评"完全不能接受"(totally unacceptable)。会后我与印度等国的与会代表交换意见,大家对日本教授的说法和反应大多摇头,对日本年轻一代学者持那样的想法感到困惑和难以理解。还有一位我颇为敬重的曾担任过副部长级官员的日本长者,卸任后担任一家智库的首脑,有很广泛的国际经历,但在谈到 1910 年日本用武力威逼吞并朝鲜半岛的《日韩合并条约》时,居然称"条约就是条约"(Treaty is treaty),不禁使人愕然。

这一现象,让我思索了多年。原因可能很复杂,其中之一可能跟日本民族或统治阶层缺乏正义观念有关。没有正义观念,不区分正义和非正义,导致日本政治家始终没有当年联邦德国总理勃兰特在华沙犹太人纪念碑前当场跪下那种举动、那种认识,相反总是躲躲闪闪,甚至指鹿为马。即使有"河野谈话""村山谈话",也被打掉不少折扣。明明靖国神社中供奉着罪大恶极的战争罪犯,却总有人把死于侵略战争的人视为"为国捐躯"的英雄加以祭拜;明明日本军队侵略别国并战死在缅甸,可作为首相的安倍却不忘去恭敬地"祭拜",这不是一种紊乱又是什么呢?! 日本的政治家们,何时能够醒来?

(载《文汇报》2013 年 5 月 26 日)

日本需要走出"8·15"

又到一年"8·15"，每到一年的这个时候，在日本总是会泛起一阵涟漪，或引起一些波动。比如安倍晋三以自民党总裁身份向靖国神社捐赠祭祀费，一些现任阁僚前往参拜，等等。这当然不过是"茶壶里的风暴"，是掀不起什么大浪的。但再往深里一想，却似乎又不是件太小的事，你想，每年都有人要到靖国神社表演一番，每年都要这样折腾一下，无论出于什么目的什么原因，总让人觉得不是滋味，其中想必有某种深层的东西在。

这东西是什么呢？想来想去，觉得还是对于历史上日本对外侵略历史的暧昧态度。靖国神社内的游就馆，就很能体现这种暧昧的、含糊其辞的、不分是非的历史观。这游就馆是个战争博物馆，展出的内容都有关日本过去参与的历次战争，其中的大部分都是侵略战争。展出的有很多实物，如日军的军服、军刀、勋章、使用过的枪支等等，配以文字说明。其中的关键问题恐怕是基调，而在游就馆，这基调就是颂扬，颂扬那些日军将士的"奋不顾身"和"为国捐躯"。

于是,历史在这里被扭曲了,因为它不讲"日本帝国"(前面还被加上一个"大"字)是加害的一方,不讲它的穷兵黩武和对外侵略,加害于其他国家和民族,造成极其巨大的痛苦和创伤。在这里,加害行为没有被否定,反倒是被肯定。这,就是靖国神社的历史认识。于是,明明是战败日、投降日,却成了暧昧的"终战日";明明是日军向中国军队投降了,却硬是不承认败了。这样看问题的日本人士,他们究竟想说明什么问题呢?

据我所知,游就馆的这种历史观,少有人肯定,美国人看了,也直摇头、很反感和不齿的。

但暧昧在持续着,去往靖国神社的膜拜在持续着,这就是日本政治人物的心态和行为。于是有首相安倍的"侵略未定义"论,自民党政调会长高市早苗的"村山谈话过时"论,大阪市长桥下彻的"慰安妇必要"论,副首相麻生太郎的"效仿纳粹修宪"论,如此等等,不一而足。于是,很自然地,亚洲邻国怀疑,日本作为一个民族就过去的加害行为和带来的深重灾难所作道歉是否真诚?

不幸的是,这么多年来,日本政治人物对来自邻国的声音好像充耳不闻,无动于衷。有人曾经用思想工作中的"落后群众"来打比方,但邻国的"思想政治工作"对日本似乎效果不彰,总是令人感到失望。原因大概在于,这"思想政治工作"是外因,而关键还是在于认识主体的"内因"。

再仔细想想,来自邻国的声音,无论是严厉批评,还是好言相劝,日本的各位先生女士不大可能不知道,也可能是听见了装没听见，至于要他或她听进去乃至接受，难度就大了。出现和存在这种情形，一个重要原因很可能是日本的学校教育，因为这种教育本身就是模棱两可的，缺乏是非观的，于是代代因袭。

因此，问题的本质真不在于日本的政治人物是不是在"8·15"这一天参拜了靖国神社，以及这些人是不是阁僚，或更高级别的政府官员，而是在于日本能否超越历史和超越"8·15"。通过彻底否定，德国已经成功地走出了，而日本还没有，还在暧昧着。

之所以需要超越，是因为历史的重负实在是太重了，重得有时候让人喘不过气来，它已成为亚洲邻国间无形但巨大的障碍，克服这一障碍，需要更有远见的、建设性的解决之道。

要实现这一点，加害的一方首先要有主动行动。这加害的一方当然不等于加害的人，因为实施加害行为的人大都已经化为灰烬，少数活着的也已至垂垂暮年，现在的日本国民是他们的后人，这些后人生活在同一个其名字叫作"日本"的国家。这些后人极有必要对其前辈的加害行为做一个正确的结论，并且真诚地相信这一结论，用这一结论指导自己的言行。在日本，这样的人并不是没有，可惜没有成为整个民族的自觉认识和自觉行为。在我看来，这就是问题的所在。

我想对日本政治人物们说的是，你们对待过去侵略战争的态度，使日本形象蒙羞，使日本利益受损，使日本民族的精神境界下坠,希望你们能反思。

多年前,当远东国际军事法庭判决的甲级战犯的牌位被移入靖国神社时,当时的日本天皇表示了厌恶,并决定不去那个地方参拜,这也延续到后来继任的天皇,至今仍如此。这样做,多少还知道在靖国神社中被供奉着的那些人是些什么人物,还有一点是非感。

当今日本的政治人物们,能否学学你们的天皇?! 何时走出"8·15"?

(载《文汇报》2013 年 8 月 16 日)

走向中等大国的日本

  2012 年 12 月安倍二度出任日本首相,重新上台执政,迄今整整一年。这一年来,日本内政外交中出现了不少新发展,重新上台的自民党政府所言所行,很抓世人的眼球。当安倍于 2006 年首次出任首相时,他是日本战后最年轻的首相,但在位仅一年便挂冠而去。现在再次上台,在日本政治史上已属罕见。安倍知道,历史不可能再给他第三次机会,因此摆出了一副时不我待、志在必得之势,意欲有所作为。2013 年 2 月,他在华盛顿发表演讲,宣称"日本回来了!"。7 月自民党在参议院选举中大获全胜,结果在国会上下两院中都占据了多数,不过在参院未达到三分之二多数。9 月,东京击败马德里和伊斯坦布尔,获得 2020 年夏季奥运会主办权,日本民众的心情受到提振。在经济上,安倍政府推出了一套被称为"安倍经济学"的政策,旨在通过量化宽松和财政刺激手段,拉动日本长期紧缩的经济。"安倍经济学"的实施实现了日元贬值和股市上涨,企业效益有所回升,但施行一年后,其效力趋于减退。在政治上,安倍们内心颇想修改战后实行的和平宪法,但修宪门槛太高,国内阻力很大。相对来说,行使集体自卫权则只关涉宪法的再解释,做起来要容易一些,因而在往前推进。就政治倾向和政治立场而言,日本的政治右倾化现象基本已成为人们的共识。

一年来安倍政府在对外关系上的取向,同国内的这种倾向是相关联的,而且产生了相互强化的效果。

安倍外交最大的挑战是如何处理对华关系。2012年9月,日本政府对中日两国之间的争议领土钓鱼岛实施所谓"国有化",钓鱼岛危机由是爆发,中日关系迅速跌入两国关系正常化40年来的最低谷,双边关系出现严峻局面。令人遗憾的是,日本的主政者也好,政策研究界也好,都未能恰如其分地理解和认识这一问题,始终囿于"(除国有化外)没有更好的办法"而不能自拔。抛开"阴谋论"不谈,日本的主政者令人惊讶地缺乏历史的和政治的敏感性,困于过度的法理主义,一叶障目,举措失当,应当为此次危机的发生承担最主要的责任。在危机爆发后的双边接触中,中日双方每每只能各自表述立场,而无法产生交集,故迄今没有什么进展。今日钓鱼岛危机很大程度上仍处于僵持状态。

11月23日,中国政府宣布东海防空识别区后,日方反弹强烈,一再要求中方撤销防空识别区,让人感觉不得要领,甚至不知所云。日本自己设"区",却又不允许他人设"区",是没有道理的。重要的是,在主权争议一时无解的条件下,双方必须坐下来商谈如何避免冲突甚或军事冲突,但日方似还没有能够正视这一点。

更深层的原因，也是更不可取的，是日本主政者把中国视为威胁或潜在威胁，而采取与中国抗衡的姿态，这可能是安倍们一个战略性的错误。在这种错误思想指导下，中日两国之间已经令人忧虑地陷入了经典的安全困境，即一方的行动引发另一方加强力量的类似行动，进而形成一种交替轮番升高加码的态势。其结果，安全议题在安倍政府的政策议程中颇为突出。今年，日本增加了防务预算，这是最近11年来的首次。尽管预算增加的幅度仅为0.8％，但这是安倍政府突出国家安全议题重要性的明确信号。2013年8月，防卫省提出2014年的防务预算增加3％，这将是20多年来日本防务预算的最大增幅。12月初，日本启动由首相、官房长官、外相和防卫相组成的"国家安全保障会议"，并设立编制为60人左右的国家安全保障局为专设机构，以谷内正太郎为局长。据笔者所知，谷内在钓鱼岛问题上持较强硬立场。

从根本上说，安全议题的这种突出并不符合日本的利益。但日本偏偏是一个危机感特别强烈的民族。立足于一个资源匮乏、自然灾害频发的岛国，"岛民"们可说时时惶恐，乃至神经过敏，这可能加重了战略误判。

很大程度上从抗衡中国的心理出发，安倍政府把希望寄托于美国和日美同盟，寄托于加强对美关系。

奥巴马政府上台以来，美国采行向亚洲"再平衡"的方针，努力拉紧与亚洲传统盟友的关系。美日、美韩等双边同盟,自是题中应有之义,在双方互有所需的条件下,总能找到合作的空间。这是一个伞形结构,美国处于中心,一系列双边同盟或伙伴关系是撑起这把伞的骨架。军事上,按照美当政者的计划,过些年后,美60%的海军力量将部署在亚太地区。

"再平衡"的经济支柱是跨太平洋战略经济伙伴关系(TPP)。TPP原是由文莱、智利、新西兰和新加坡四个国家发起,成员之间彼此承诺在货物贸易、服务贸易、知识产权保护以及投资等领域相互给予优惠并加强合作。其协议采取开放的态度,欢迎任何APEC成员参与,非APEC成员也可以参与。该协议的重要目标是建立自贸区。2006年,跨太平洋战略经济伙伴关系协定对新西兰、新加坡、智利和文莱相继生效。

2008年2月,美国宣布参与。次年11月,美国正式提出扩大跨太平洋伙伴关系计划,澳大利亚和秘鲁同意加入。借助TPP的已有协议,美国开始推行自己的贸易议题,欲全方位主导谈判。自此TPP开始进入发展壮大阶段。在此过程中,美对日本施压,要求其加入TPP谈判。日本要不要加入TPP这个重要问题于是提出。由于日本国内阻力甚大,支持和反对两股力量相争不下,以致该问题迟迟未决。

美为抬升TPP的地位和分量,自然希望乃至迫使日本参加TPP谈判。而安倍为换取美支持,决定积极推进加入TPP谈判,在战略上取悦美国,拉紧对美关系,同时也借以推进国内改革,因此有对外和对内两个方面。由此出发,安倍政府努力克服国内利益集团和有关政治力量的反对和阻碍,强势推进,并在内阁府设立跨部门工作班子,提出建议和方案,具体参与谈判。然而,农产品、乳制品等的市场开放在日本属于十分敏感的问题,日在 TPP 的"达标"上存在不少实际困难。它是否能够获得某些例外,仍在谈判的过程中,并不明朗。

不过,超级大国美国也是现实的,对于中国的崛起它不能不给予特别的重视。在加州阳光之乡举行的习奥会,中美元首在一起的时间达到八个小时,并不是偶然的,而是对变化了的力量对比的一种承认和确认。也正因如此,美在钓鱼岛问题上固然会对日本有所倾斜,强调条约义务,声称美日安保条约适用于钓鱼岛。然而,它又不会因为日本是美盟国而对日本有求必应,随手可举出的例证包括:安倍 2 月访美期间,奥巴马对钓鱼岛之争表态谨慎。新任总统国家安全事务助理苏珊·赖斯 11 月在乔治敦大学发表首次亚洲政策讲话,其中未提及中日岛屿之争,这想必令日本失望。但美在中国宣布东海防空识别区后的表态,又想必令日本较为满意。中美日三国之间这种错综复杂的互动关系,还会纠结下去。

当然,日本也不会不看到,奥巴马政府的"再平衡"正经受各种内外制约。由于国内民主党和共和党两党政争陷入僵局,政府关门停摆。在这一政治形势下,奥巴马被迫取消前来亚洲出席 APEC 领导人会议和东亚峰会并访问有关亚洲国家的计划。这一发展,明显削弱了"再平衡"的势头。奥巴马缺席 TPP 领导人会议,也减弱了 TPP 的动力。不过美拟加以弥补,白宫方面已表示,奥巴马将于 2014 年 4 月出访亚洲,行程中包括日本(另两站为菲律宾和马来西亚),这对日本应是个安慰。

在亚洲,安倍就任首相后不到一年间就已遍访东盟十国,可谓跑得"勤快"。多年来,日本一直重视东南亚国家,向其提供了不少援助,带动了东南亚国家的经济发展,在国际分工上,有关东南亚国家成为以日本领头的"雁阵"的组成部分。日积月累,日本今日在东南亚国家中的形象,主要是正面的,这是日本在过去几十年间积累起来的资源。然而在这一年间把东盟十国全都跑遍,明显是有其考虑的,未明言的指向是中国,也即拉拢一些与其有某些"共同语言"的国家来平衡乃至抗衡中国。可这又是一厢情愿了,东南亚国家岂是这么容易跟着走的?即便有也只能是个别的现象罢了。安倍拉拢俄罗斯更是如此,简直可说是自欺欺人,注定是不可能成功的。10 月间,中国领导人习近平主席和李克强总理分别前往东南亚展开高层访问,前者出席了 APEC 会议并访问印度尼西亚和马来西亚,后者出席了东亚领导人系列会议并访问文莱、泰国和越南,是两次出色的外交行动。其间中国提出了设立亚洲基础设施投资银行等倡议,受到欢迎。安倍原先所期望出现的与某些东南亚国家联手的形势和对华效果,怕是已化为无形。

又如,中国与周边陆上邻国的互联互通正在提速,它们之间的共同利益不断扩大。在这种形势下，采取包围和对冲中国之策必定难以成功。面对如此巨大的中国市场和腹地，日本在经济上能无视和摆脱中国吗？如果这样做，恐怕是反陷自己于不利境地。日本要做的，应该是反思其整个战略思维和思路是否有问题，是否发生了偏差。

可以说，日本对中国崛起的不适应是显然的，并且仍然还不适应。力量对比的变化大势所趋，从目前到最终中国经济总量或超越美国，已是一种越来越大的可能性。到那时，日本也许不得不心服口服，依其"与强者为伍"的外交传统而做出调整，但这是一个痛苦的过程。在这一过程中，日本会低吟徘徊，苦思未来进路，不断做出困难的取舍。

说到底，日本需要在变化了的世界中重新定位自身。

可以肯定，日本如日中天的势头已经不可能重现。美国知名日本问题专家肯尼思·派尔谈论"日本崛起"（Japan Rising）（2008 年他出了以此为书名的专著），《时代》周刊在今年 10 月还出版了以"日本崛起"为封面主题的一期，但总让人觉得底气不足。安倍所谓的"日本回来了"，终究是有限的，没让人觉得真是这么一回事。就其国力而论，日本在世界政治中的地位，将来多半是一个二流大国或中等大国，或许在中等大国中居首。情形有点类似今日的英国，仍然富足，仍然保有自身的影响力，仍然可以吃点老本，但在世界格局中的下跌是不以其意志为转移的。所不同的是，英国在人们的质疑声中暂时还保持联合国安理会"五常"之一的地位，吃着二战胜利国且为大国的老本。而日本若硬要

"争常",怕是费了九牛二虎之力之后仍然空手而归,并非明智之举,还不如急流勇退,在变化的世界中找寻一个合适的位置。

那时的日本,仍会有自己的光彩,富裕、安定、秩序井然,但并不谋求什么政治大国地位或者不自量力地想"争常""入常"。那样做不光自己累,别人也跟着累,大家都神经紧张,真不如"归去"过左右逢源、富足安康的日子为好。如果世界各国心服口服,一致"劝进"日本入常,那叫实至名归,当然是另一回事了。

（载《文汇报》"环球视窗"版 2013 年 12 月 12 日）

日本既非天使也非魔鬼

在明知参拜靖国神社将会引起邻国批评甚至强烈批评的情况下，日本首相安倍晋三仍然我行我素，一意孤行，前往参拜，这只能说明他那种"我不在乎"式的傲慢。获悉此事后，美国在第一时间通过其驻日使馆对它的这个盟国表达"失望"，这在美日关系中是非常罕见的，可能也是出乎安倍们意料的。除美国外，其他国家也纷纷表达了失望、遗憾或反对，没听说有谁支持的。安倍甚至还说出了作为首相有责任去参拜一类的话，实在令人无语。

事实说明，安倍所为实是自毁长城之举，其理显然。2005年，日本一门心思"入常"，想当联合国安理会常任理事国，当时我方曾做出很大外交努力，游说各国反其道而行之，其结果，日本未能如愿入常。今天，日本争常之心未死，谋求入常的"四国集团"（日本、德国、印度、巴西）还在，但安倍如此我行我素，日本要入常恐怕是比2005年更难了，"四国集团"中的有关国家也已在反思与日本绑在一起是否明智。

对安倍的行为，表达愤慨实属应当，口诛笔伐也可理解，因为理不在安倍一边，而在反对的一方。不过，在此过程中需要注意的是，我们会不会反而帮了安倍的忙？怎么做才能避免这种情况出现？目前，安倍在国内的支持率不低。首相一年一换在日本已历多次，经过数年频繁地换相之后，日本民心思稳，希望看到强势领导人出现，而安倍看起来正好像是这样难得一见的领导人物。当来自外部的批评似乎是一种外部施压行为时，希冀"不屈服于外部压力"就成为一种颇为普遍的心理。在这种情形下，有可能会出现一种"越批越香"的逆反现象。当年批陈水扁时出现过这种情况，在其他时候也曾出现过类似情况。

一般来说，在愤怒和情绪激昂时，容易言辞激烈，甚而至于过火，似乎日本将要走上当年军国主义的老路了。

这就提醒我们，要不忘有理有节，不为对方"助选"。安倍当然不是天使，但也不一定是魔鬼，就整个国家而言，如今的日本没有条件重走军国主义老路。我之所以这么看，是因为，军国主义指的是这样一条道路，即对内穷兵黩武，国家的一切都围绕军事机器运转，甚至整个社会军事化，对外则奉行武力扩张政策。这是日本在 20 世纪上半叶曾经走过的道路，最后遭到了惨重失败。今天的日本要再走上这样一条道路，应该说内外条件都不具备。曾有一位我国资深高级外交官到日本的城市街头观察了当今日本的青年男女，得出看法认为，这些人是不可能再成为关东军的。我认为这一观察是实事求是的，今天仍然有效。

因此，日本回到军国主义不具有现实可能性。现在的问题在于政治右倾。过去，日本曾经存在相对强大的社会党作为左翼力量在牵制着。随着社会党的衰落并以社民党面目出现，影响早已大不如前，这种牵制力量下降了。

政治右倾在历史观上的根源是对历史的暧昧和遗忘。与德国人对纳粹德国的过去加以彻底否定并真诚忏悔不同，日本的很多人士所想的始终是把历史模糊化，表现为最好谁都不要再提起日本过去那段加害他国、他人的历史，对那场给其他亚洲国家带来深重灾难的侵略战争躲躲闪闪，甚而至于连侵略也好像未曾定义了。事实当然不是这样，比如1974年12月联合国大会就曾通过《关于侵略定义的决议》，白纸黑字、明明白白地存在着，说侵略没有定义岂不是睁眼说瞎话吗？！暧昧和躲闪的结果，是问题始终得不到解决，始终存在于那儿，于是日本就背上了沉重的历史包袱，无法轻装前进。

多年的思考使我得出一种看法：这是一个缺乏内省精神的民族。总是别国的不是、不该，而日本总是"被迫"，连当年发动战争都"被迫"。对于自身有没有责任，总是含糊其辞，躲躲闪闪。于是，日本便总是不能理解邻国为什么这么反应或这么强烈地反应，总认为是别国不该，而非自己不是。其结果，问题终究还是得不到解决，与其他亚洲国家之间便总是疙里疙瘩，如此一再循环往复，于今亦然。

现在中日之间的情形，颇有点类似当年小泉纯一郎执政时期，日本政治人物态度顽固，以至于双边关系气氛恶劣,中日领导人之间难以实现会谈,双边如此,多边场合亦然。这样看来,未来数年的中日关系难以乐观。假若日本始终走不出这种周而复始的循环,不知将何以自处?

(《文汇报》2014 年 1 月 13 日)

析日本解禁集体自卫权

日本内阁通过决议案，解禁集体自卫权，为已经非常错综复杂的东亚形势再添变数，无疑将引起人们的关注和重视。

"集体自卫权"是指与本国关系密切的国家（主要指盟国）遭受其他国家武力攻击时，无论自身是否受到攻击，都有使用武力进行干预和阻止的权利。禁止行使"集体自卫权"，是二战后日本在"和平宪法"原则指导下，根据国内外条件做出的重大政策选择，也是多年来构成其"专守防卫"基本国策的一个具体要素。日本战败投降后，在美军占领时期的 1946 年制定了后来被称为"和平宪法"的新《日本国宪法》。根据日本内阁法制局所做的宪法解释，行使集体自卫权是违反宪法的，因此该解释禁止行使集体自卫权，只允许行使个别自卫权，即在本国受到攻击时行使武力。现在，日本政府反其道而行，做出允许行使集体自卫权的决定，使多年争论不休的问题有了个结论。这是一些因素交互作用下所产生的结果。

首先,该决议案的通过是日本政治右倾化的一个逻辑结果。2006—2007 年安倍晋三第一次出任日本首相期间,就曾指令组成由前外交官和学者组成的专门小组研究集体自卫权问题,探讨解禁的可能性。只是因为安倍上台仅一年便黯然去职,此事也就不了了之。安倍二度出任首相后,政治右倾色彩明显,企图修改和平宪法,主要是修改宪法第九条。日"和平宪法"的根本就是第九条,有两项内容,即永远放弃战争作为解决国际争端的手段和不保持军队,只设自卫队。然而,修宪门槛高,难度大,安倍政府未免心有余而力不足。但修改对宪法的解释相对来说要容易得多。因此,可说解禁集体自卫权是日本政治右倾化的结果。

其次,解禁集体自卫权成案是日本国内牵制力量分化式微的产物。冷战终结以来,曾经是日本左翼政治力量中流砥柱的社会党式微,作为其余绪的社会民主党力量大为下降,与当年社会党已不可同日而语。民主党执政三年多乏善可陈,接着在大选中遭受重挫,陷入混乱局面,已无作为日本政坛两大政党之一的实力。公明党作为自民党的执政伙伴虽对解禁集体自卫权持保留态度,但其力量未大到足以阻止自民党的程度,最终做了妥协。至于社会力量的反对,终究缺乏政治上的代表来发力。由于自民党握有国会两院的多数,今年晚些时候修改《自卫队法》,以使自卫队能够行使集体自卫权,估计困难不大。

再次,日本解禁集体自卫权也是一段时间来美国鼓励引导的结果。奥巴马政府上台后,采行向亚太再平衡战略,其中的重要支柱是发挥双边同盟关系的"基石"作用。在这一背景下，美国多次鼓励诱导日本在亚太安全中承担更大责任，发挥更大作用。在这一意义上说，美国早已拔出了"瓶塞"，让瓶中之物流出。而日本解禁集体自卫权是与美国的"再平衡"一致的。我们固然不能简单化地说再平衡是针对中国的，但其中存在防范中国的一面是难以否认的。日本出于它错误的"中国威胁"观，在战略和安全上倒向和配合美国的亚洲政策，从而希图收获它所希望获得的红利。

最后，解禁集体自卫权也是日本努力挣脱战后所受束缚，成为所谓"正常国家"的一部分。安倍等人企图对历史进行翻案的"历史修正主义"已经广为人知，一意孤行参拜靖国神社为世人所不齿。近来安倍政府还重新调查1993年就日军强征慰安妇做出道歉的"河野谈话"，声称是在韩国的压力下做出的，言下之意隐含了翻案的意图和可能。修改其武器出口原则也是如此。类似这样的情况可能还会发生。

安倍内阁上台后，在其威胁观方面出现了新的动向，即一再渲染中国军力发展，声称中国想改变地区现状，并试图拉美、澳、印度等形成"民主菱形"架构，其意不言自明。这种威胁观的发展，其偏差是十分显然的，日本方面应该想一想这会否成为"自我实现的预言"？对日本是有利的吗？可以有把握地说，它构筑对华"统一战线"的做法是徒劳的，说客气一点是自我安慰，说得不客气一点则是自欺欺人。

解禁集体自卫权，将使日本在即便自身并未受到攻击的情况下,也能够采取军事行动保护其他国家。这背离了战后 60 多年来日本实行的防卫政策和姿态。解禁案虽有一些"限定条件",但仍然给了日本参与海外军事行动以很大的空间。

对于日本近期的所有这些动作,人们都有理由提出批评,表示关切,但我们仍然不能得出日本正在重走军国路线的看法或结论。有人认为,日本在重新"走向军国主义"。这样断言是需要慎重的。所谓军国主义,是指对内实行一切服从军事需要,对外实行军事侵略扩张的路线。今天的日本若要这样做,在内外两方面都不具备条件,对此我们要有基本的认识。

(载《文汇报》2014 年 7 月 2 日)

靖国神社的重负

又是一年的"8·15",日本的战败日。战后已过去了69年,如果说日本早已实现了经济上的战后复兴,那么它至今仍然没有走出发动侵略战争和战败所带来的重负。东京的靖国神社正是这种重负的物理象征,是否参拜靖国神社因而也成为衡量日本政治人物历史认识和分量轻重的一杆秤。

去年年底,再度出任日本首相时间不长的安倍晋三一意孤行,悍然参拜靖国神社,引起国际上一片哗然,连头号盟友美国也在第一时间表示"失望",日本对华、对韩关系由此更加跌入低谷,至今还没缓过劲来。这次,在被暧昧地称为"终战日"的日子到来之际,安倍决定不参拜,在我看来并不表明他已幡然悔悟,意欲痛改前非,而仅是一种收敛而已。毕竟,国内外各方面对他是有压力的,这种压力来自三个方面。

一是来自中、韩等国的压力。安倍再次上台以来,在国际上跑得颇为勤快,可作为重要邻国的中、韩却至今未能到访。不光是高层互访中断，即便是在国际多边场合，也未能进行会晤。在此情况下，安倍不能不考虑怎么解套。二是来自美国的压力。上次安倍一意孤行参拜，逼得美国前所未有地放出重话。这些话安倍当然不会忘记，是他不得不好好掂量一下的。三是来自国内的压力。不久前安倍内阁决定重新解释宪法第九条，解禁集体自卫权，引发国内各方广泛疑虑，连自民党内意见也不统一。这一现实迫使安倍放缓有关进程，以寻求国民"理解"和更大的国内"支持"。

当前的中日关系仍未走出 2012 年爆发的钓鱼岛危机之困扰。这场危机之严重，给中日关系造成了重创，陷中日关系于邦交正常化 40 多年来最严峻处境，可谓元气大伤。虽然引发危机的"国有化"决策是安倍上台前的民主党政府做出的，但此后安倍的所言所行更进一步加剧了危机，而非缓解之，日本内外都在看着安倍将向何处去。

一段时间以来，日本通过种种渠道、以种种方式表示希望在 2014 年 11 月的 APEC 北京会议期间实现中日领导人会晤。既然如此，就需要为此创造条件。从目前情形看，这条件还不具备。这次安倍决定不到靖国神社参拜，未必一定能实现中日领导人会晤；而如果安倍再去参拜，则必定不可能实现会晤，且双边关系一定会雪上加霜。不去参拜是明智的，但也只是暂时的。

日前，中日两国外长在东盟地区论坛召开期间在缅甸接触，为两年来这两个互为重要邻国的国家外长之间的第一次接触，仅从这一事实，就可见中日双边关系很不正常。

现在两位外长接触了，是一种缓和的迹象，对于改善双边关系是有利的，但关系的缓和是否可持续，则又另当别论。从现在到 APEC 北京会议还有三个来月，就目前形势看，要实现领导人会晤似乎并不乐观。

因此，安倍的不参拜，固然是正确的一步，但也只是很小的一步而已。

多年来，名为靖国神社的这处地方成了日本的沉重负担。日本的政治人物始终没能摆脱掉这种重负。小泉纯一郎任日本首相期间，不顾各方面的坚决反对，每年都前往靖国神社参拜，引起邻国政府和民众的强烈愤慨，极大地损害了中日关系的政治基础。而改变这种局面的还是继小泉之后第一次出任首相的安倍。再次出任首相后，安倍却"痛心疾首"地表示后悔前一次首相任期内没去参拜。从这种表示中，人们已经可以看到安倍内心深处的一些东西，一种根深蒂固的理念和所谓的"信念"。

日本的政治人物，常把自己的"信念"拿来作为其不当行为的理由。且不说这种"信念"的是非如何，就其结果看，它损害的是日本的国家利益。人们凡事都应从实际结果出发来加以衡量。当国家利益受损时，那么，这种所谓的信念以及在这种信念指导下做出的行为，就要打上一个问号了。更重要的是，这所谓信念本身很可能就是似是而非甚至是不分是非的，比如，把加害于他国的武力侵略行为视作一种崇高的"为国捐躯"，那就在根子上出了错，于是后面的也就跟着错了。日本政治人物若不从根子上纠错，那么将来还会有无穷无尽的麻烦。人们不禁要问:难道这是你们想要的吗?

(《文汇报》2014 年 8 月 16 日第 4 版)

近观远眺:中西新思索

大师的工作坊

——纪念埃莉诺·奥斯特罗姆教授

2012年5月,位于美国中西部布鲁明顿市的印第安纳大学宣布,以文森特和埃莉诺·奥斯特罗姆夫妇命名已经闻名于学界的"政治理论与政策分析工作坊"(Workshop in Political Theory and Policy Analysis)。显然,这是对奥斯特罗姆夫妇作为"布鲁明顿学派"掌门人一生学术成就的认可,可谓实至名归。在此之前一个多月,我在布鲁明顿出席学术会议,会场便设在工作坊所在的办公楼,高不过三层。午餐时,见一位戴白色头巾的长者走进来,似在寻找自助午餐盒,没有人帮她安排停当,更没有人簇拥。这时,有人跟她打招呼,我一听才顿然醒悟,原来这位就是埃莉诺·奥斯特罗姆,2009年诺贝尔经济学奖获得者!她是经济学奖历史上第一位也是迄今唯一一位女性得主,是获该奖项的第一位政治学家。看到这情景,我内心不禁感慨,真正大师的风范就是这样的呵。

称作"政治理论与政策分析工作坊"的这一学术机构,

其实就是一个研究所，且是涉及多个学科的研究所。但令人好奇的是为何起名叫"workshop"？趁奥氏尚在午餐，向她提出这个问题，得到的答案关键词是 craft（工艺）和craftsmen（工匠），夫妇二人的信念是，在研究生作为学徒和工匠能够有机会与资深学者一起工作和共同研究的条件下，研究技能最易被获取并得到运用。"我们是通过能工巧匠（master craftsman）的眼睛看各种问题的。"夫妇二人发现，熟巧（mastery）这一概念可用来描述他们要打造的工作坊。这是一个学术工作的中心，在这里，学者和学生们可以掌握理解政治经济问题的工艺，运用政治和经济理论作为分析的工具，不仅在经验性研究的设计和进行中如此，而且在公共政策问题的研究中也如此。以他们所钻研的问题而论，这名字可称谦虚。那是 1973 年的事。作为创始人的奥氏夫妇相信，研究生作为学徒和伙计，与资深学者同处，共同探讨和研究问题，是一种较理想的状态。在这里，每个人都得到平等的对待。他们自称这个群体为"workshoppers"，这当然是自己造出来的一个词，却也颇为传神，反映了工作坊内的一种自我认同。

说来也有偶然，当初他们在申请资金支持时，被告知要描述其所在"机构"的性质，这使他们感到，即使是出于策略的原因，也有必要建立一个有形的组织。它将为研究资金的申请和获取提供便利，也提供一个保持研究连续性的机构条件。在这里，学者们探讨具有实际应用性的理论问题，避免过度地脱离现实的学术抽象。因而，强调理论与实际问题分析的联系成为工作坊的首要原则之一。

早在 1968 年,生物学家加雷特·哈丁在《科学》(*Science*)杂志上发表日后声名远播的"公用地悲剧"一文。哈丁设想了一个向所有人开放的牧场,每个理性的牧羊人都从其牲畜中获得直接利益。但当他和其他牧羊人过度放牧时,就造成了公用地的破坏和退化,这便是"公用地(或公地)的悲剧"。哈丁是用公用地的过度放牧比拟人口无节制增长等带有普遍性的问题。遗憾的是,这类问题在人类社会中是广泛存在的。我国近海海域因过度捕捞出现渔业资源枯竭现象,就是一种颇为典型的公用地悲剧。今日中国出现空气污染,雾霾频现笼罩大地现象,也属此类。

这就提出了如何走出公用地悲剧的问题。

不能说工作坊的研究就是围绕着这一问题而展开,然而确与此问题存在密切联系。究其实,工作坊建立后所开展的研究活动大致是在三个不同但相互联系的层次上进行的。

在微观制度层次上,其研究聚焦于小规模单位,主要是参与者经由自主组织而形成的制度。重要工作是考察与公共池塘资源(CPR,也即是人们因同处一地而获益的自然资源或产生的资源)相关的各种地方治理问题。对公共池塘资源的研究是通过经济分析、实验室中的模拟试验和实地研究进行的,后者包括对加利福尼亚州的地下水盆地、尼泊尔的灌溉系统、乌干达的森林储备等的研究。

在宏观制度层次上,工作坊的研究聚焦于大范围的政治秩序，包括全国性和国际性的机制。这一层次上的研究意味着试图解释所观察到的某种趋向，即人类治理中的巨大试验变成了巨大的灾难。这包括苏联体制的瓦解、南美一些国家军政权的表现、非洲一些国家的失序等，也发表了研究成果。

第三个层次上的研究考察的是中等范围的制度安排。属于这一类的有对警察问题的研究以及后来更一般地对城市和大都市地区其他公共服务的研究。之后又把对公共服务提供问题的研究扩大到海外，考察发展中国家教育的供给和基础设施的维护等问题。

把所有三个层次的研究联结起来并赋予其一致性的，是采用共同的路径和框架来理解具有相似性的社会现象。制度分析与发展这一框架，由此得到确立，它的基石是，人们是在一个特定情形下基于他们所面对的激励（incentives）而做出决定和采取行动的，这些激励部分地植根于人的特性、共享而相互理解的社区、人们为管理其生活而制定的规则等。

就公用地悲剧问题，奥斯特罗姆夫妇及他们领导的研究团队发现，在人的社群和社会中既存在着失败也存在着成功的实践及其相应的制度安排。作为一项集体努力推出的《制度分析与发展的反思》（1988）一书，是工作坊最重要的研究产物之一，用其导论中的话来说："制度体现管理所有公共和私人行动——从个人产权到社区应付公共物品的各种方式的基本规则。它们影响收入分配，资源配置的有效性，以及人力资源的开发……正变得日益明显的是，支持生产性人的发展将要求我们更多地关注创建制度的艺术。"（商务印书馆早在1992年就出版了该书的中译本，但它在国内似乎未得到足够的重视）

在没有中央权威的条件下，管理稀缺共享资源的制度是如何形成的？这提出和抓住了一个切中肯綮的、可谓重大的问题。埃莉诺·奥斯特罗姆通过其学术工作，发展出了"公共池塘资源"或"共有资源"概念，进行了大量经验研究并进行理论升华。这成为工作坊的一个主要研究领域，也是一大亮色。在人的社会中，共有资源很多见，如海洋渔业资源、森林、水资源、农地等都是，因而公用地的悲剧现象也颇为常见。前人所提出的解决问题之道，不外乎两种，一是通过政府的集中管理来实现，二是通过私有化来实现，似乎只能二者取一。

奥氏在经验研究中发现，不同国家的实际生活中存在着不少经由自我管理而避免了公用地悲剧的例子，它们既非通过政府的集中管理实现，也非经由产权私有化实现。在一定条件下，面临公用地两难处境的人们，可以在他们之间确立一定的制度安排，来改变其所处境况，实现合作，避免灾难。奥氏先后研究了加利福尼亚的地下水资源、土耳其近海渔场、斯里兰卡渔场、西班牙韦尔塔的灌溉制度、菲律宾桑赫拉的灌溉社群等。多年后，"公用地悲剧"的提出者加雷特·哈丁回首以往，曾称若是此时写作，会称其为"无管理的公用地之悲剧"，也就是说，公用地悲剧的出现不是必然的。在一定的条件下，是可以得到克服或避免的。由此可见，他们得出了相似的最终结论。

延至 1990 年，奥氏的《公共事物的治理之道》一书问世，此著副标题为"集体行动制度的演进"，不久就成为布鲁明顿学派论著中最为著名、引用率最高的一部著作。它通常被认为是公共政策、公共选择领域的一部书，但实际上其意义和影响已远远"溢出"到其他领域，人们发现，集体行动的需要和困难是如此广泛地存在于国内社会和国际社会。

2012 年 3 月，我应邀到布鲁明顿出席学术会议，奥氏应组织者之邀做主旨报告，讲题为"思考作为公地的气候变化"。气候变化是新出现的全球性问题，奥氏试图以自己的理论框架分析这一问题，找寻答案。

在她眼里，气候变化是最大的一块"公地"，也是一项全球公害物品（public bad）：一则无人能够置身事外，二则所有人都有一种激励，倾向于不采取代价高昂的行动以避免负外部性。由于气候变化是一块全球公地，大多数建议和主张都跟"全球性解决办法"有关，例如：实行封顶以降低排放总量，推行购买碳排放；对温室气体排放一视同仁地征税；制订政策，不至于"鼓励"那些其历史排放已"造成"问题的国家。这些选择，各有各理，相互抵消，持续的争论可能使问题更为严重。的确，现实需要人们在全球层次上采取个别的和集体的行动，但如何往前走，存在大量悬而未决的问题。气候变化不光是全球温室效应，而且还有变异、极端气候、海平面上升、海岸地区和太平洋岛屿消失等。对于传统的集体行动理论来说,若没有一个外部的政府施加要求,那些使用化石燃料的国家就不会采取行动。而达成全球性的协议被认为是唯一的出路。

奥氏以为不然,她给出的办法是多中心治理。她认为,需要把多中心治理理论运用于开发复杂和多层的政治－经济－社会体系以对付复杂、多层的生态体系。当前对生态体系治理的研究正变得在技术上更为精细,但地方性知识和地方性承诺也是有效政策的重要组成部分。在国际和国家层次上制定的政策要求采取地方和地区性的行动,付诸实行,因此,有效的路径必须是多中心治理。各种地方性单位必须进入,而不能总是等待一个全球性的解决办法!在这一问题上,人们应该发出声音,否则就是不负责任。

她的学术讲演引起了在座各位与会者的很大兴趣,众人无不认真倾听,在讨论环节提问不断。记得在回答某个问题时,她微笑着,看着对面墙上的托克维尔像说,"他在那儿听我们说话呢"。

当时会议正在进行的这间会议室,名为"托克维尔室"(Tocqueville Room)。一边的墙上,悬挂着奥氏夫妇历年所获得的各种奖项,颇为可观,但最引人注目也最有意思的,当属这位 19 世纪法国思想家、《论美国的民主》一书作者托克维尔(1805—1859)的肖像画。何故托克维尔?这乃是因为,托克维尔的思想深刻地影响了奥斯特罗姆夫妇的学术研究。对他们来说,托克维尔的工作确立了一个学术上的"榜样",能够为有关人类社会秩序如何构成的探究提供指引。1984 年，工作坊建立了"托克维尔人类制度研究基金"，其宗旨是"支持制度研究以及如何修正制度以促进人类社会中的自主治理和发展"。这正是当年托克维尔考察美国民主实践时所怀抱的希望。

没想到的是，这是她生命中出席的即便不是最后一个，也是最后之一的学术活动。2012 年 6 月 12 日，奥氏因病辞世，享年 78 岁，数十年的学术生涯在此画上句号。（稍后，先生文森特竟也在同月仙逝！）印第安纳大学校长沉痛地表示，这是该校"无法替代的损失"，信然。

但埃莉诺·奥斯特罗姆的学术成就足以对得起 78 年的生命，她的思想学术遗产已经并将影响和启迪后人。

她的学术进路，强调了个人的选择总是深嵌于社会和文化的情境中。这就不同于一般的理性选择论者。尽管她并不否认形式建模总体上的作用，但反对只使用模型来作为政策制订的基础，"自以为无所不知（presumed omniscience）"可以导致错误的因而有害的政策建议。而这一点，在数学模型盛行的美国社会科学的情境中尤其重要。她的研究是"问题驱动"而非"方法驱动"的，她并不迷恋于"普遍适用模型"，而是去"理解和解释实际政治结果"。她从多次田野调查中得出的一条关键性准则是，假定有一个"最好的办法"是无益的。对于千差万别的未定状况，不可能有一个"最好的办法"。这就在思想方法上上升到了一种自由之境，否定了，也避免了找寻终极真理、找寻适用于一切问题的方法这一谬误。

因此,她走向实证、走向具体、走向情境,观察、观察、再观察,然后比较、提炼。她深入探究不同文化背景和制度背景下的众多案例,从经验现实中升华出理论来。

她的以《公共事物的治理之道》为代表的研究,揭示了"自主治理"的地方性机构和社会资本形式能够帮助个人超越集体行动难题,持续性地管理一些"公共池塘资源",如地下水、渔业资源、森林和农地等。更进一步,较大范围的集体行动难题也并非无解,"公用地悲剧"不是必然的。在这一重大理论问题上,奥氏的学术工作卓有成效,树立了一个里程碑。

社会科学的一个标志性难题是社会秩序。安全、福祉以及经济和社会发展要求某种形式的治理和冲突的解决或至少是抑制。埃莉诺·奥斯特罗姆推进了对信任和互惠在社会秩序中的作用、社会秩序中的信任与互惠、互惠的形式与规范、制度的规范是如何发展起来的等问题之研究。无论是地方公地还是全球公地,其文献都着重于制度如何提供信息和降低交易费用;行为体都依赖于互惠以产生激励;信用对于介入讨价还价和规则制订的行为体是关键性资源。

用一句话来说,她对帮助我们理解制度与合作做出了重要理论贡献。朝闻道,夕死可矣。

无疑,布鲁明顿学派的机制依托是政治理论与政策分析工作坊。这工作坊是奥斯特罗姆夫妇一手创办起来的,是留给学术和政策分析的一份经久的遗产。在 40 年的时间里，夫妇二人与数百位研究生、访问学者以及资浅或资深的同事合作，共同探究学问，卓然自成一家，形成了"布鲁明顿学派"。据现任所长迈克尔·麦吉尼斯告知，奥氏夫妇没有生育孩子，这工作坊就是他们的孩子！为了它的成长，夫妇二人甚至从每年的工资收入中拿出相当一部分，用于工作坊的运作之需。

麦吉尼斯所长与我谈毕，引我去同一层的另一边，指给我看埃莉诺·奥斯特罗姆的办公室，门原本就开着，小小的一间，朴实无华，就这么平常，与在当今国内常看到的情形迥异，但不平常可能正是从平常中来的吧？这是 2012 年 3 月间的事。现在，大师已去，而这份事业和精神在延续。

（载《读书》2014 年第 5 期）

乌普萨拉之子

　　哈马舍尔德这个名字,在中国知道的人可能不会太多。即如我这样一个国际关系学界的从业人员,原来也只知道两件事实,一则他是联合国历史上第二位秘书长(1953—1961),二则他是瑞典人。这次到了乌普萨拉,发现这里有以此名字命名的道路、图书馆和基金会等,猜想他与乌普萨拉必有特殊联系。一了解,果不其然,原来哈马舍尔德自小是在这里长大的,从童年到青年,直到他从乌普萨拉大学毕业。20世纪初期,哈马舍尔德的父亲出任乌普萨拉的地方行政长官(后于第一次世界大战期间出任瑞典首相),全家来到此地,当时哈氏仅3岁。现今已成瑞典名胜古迹的乌普萨拉城堡,就是当年他们的家。哈马舍尔德是在联合国秘书长任上殉职的,遗体归葬乌普萨拉,因而也永远安息在这里。我来到乌普萨拉墓园,找到哈氏家族墓地,阳光和煦,微风轻拂,静静地,哈马舍尔德安息在墓园里,他父母身旁。

　　哈氏是为解决刚果危机,实现和平而死于飞机失事,时间为 1961 年 9 月 17 日至 18 日的那个晚上。事件发生后，联合国专门成立了一个调查委员会，并于次年发表调查报告，但并没能查清失事原因，拿出明确结论，而只是列举了飞行员操作失误、飞机机械故障、外部原因等几种可能，但也没有排除人为破坏或袭击的可能性。飞机失事的确凿原因至今扑朔迷离。

当年的刚果形势，属于真正的复杂严峻。刚果原为比利时殖民地，在此之前居然还曾是比国王利奥波德二世的私产，这"私产"得自 1884—1885 年欧洲列强召开的柏林会议，利奥波德成功说服殖民列强，使之承认把这片土地划为利奥波德的"私人采地"，归其所有。此后，比利时贪婪地从自然资源极为丰富的这片殖民地获取财富（如橡胶），长期只有索取，而无给予，引起积怨和愤懑。至 20 世纪初，已难持续。1908 年，利奥波德被迫将这片殖民地交给比利时国家，此后它的名字就成为"比属刚果"，首都名利奥波德维尔。

1958 年 10 月，卢蒙巴建立刚果民族运动党，并提出立即独立的口号。1960 年 2 月，比利时被迫同意其独立，同年 6 月 24 日成立以卢蒙巴为总理的第一届政府，30 日正式宣告独立，定名为刚果共和国。卢蒙巴作为总理，是议会制下具有实权的政府首脑，总统为象征性职务。但新国家的基础极为脆弱，很快，军队中的中下级军士试图结束由比利时人充任军队高级领导职务的状况，士兵骚乱，一些欧洲人遭到袭击或被害，引起反弹。比利时以保护侨民为由，出兵刚果，引发危机。在西方大国的怂恿下，加丹加省宣布脱离刚果。该省虽只是刚果六个省之一，但集中了英、法、比等国巨大的采矿业利益，掌握着经济命脉。

在此情形下，刚果总统卡萨瓦布和总理卢蒙巴联名紧急致电联合国，呼吁联合国采取行动，维护刚果主权。

时任联合国秘书长哈马舍尔德行事果断，不日即向安理会做出说明，要求安理会尽速采取行动。根据安理会的决定，联合国蓝盔部队很快组成并派赴刚果。为了显示不偏不倚，该部队的组成，排除了东西方两大集团中的任何国家，而是来自印度、加纳、爱尔兰、瑞典等国。实际上，联合国实施维和行动就是从哈马舍尔德任上开始的。1956 年苏伊士运河危机期间，联合国第一次派出和部署了维和部队并取得成功。另有一事也很能说明哈氏作为秘书长的理念，当时刚果有一位名叫安图尼·吉曾加的政治人物觊觎总理一职，此人被怀疑接受苏联的资金支持，西方大国尤其是美国因而强烈反对，要求联合国加以制止，不要让他当上总理，而这有违联合国宪章不介入一国内部政治事务的规定。哈马舍尔德明确拒绝了这一要求。

1960 年 9 月，刚果陆军参谋长蒙博托发动政变，扣押总理卢蒙巴，在此后的国内混乱和争斗中，卢蒙巴受到逮捕、折磨，最后于 1961 年 1 月 17 日被杀害。卢蒙巴遇害后，苏联对联合国刚果行动和刚果危机的处理提出尖锐批评。联合国遂于 2 月决定授权维和部队在必要时可以使用武力以避免内战，确保刚果的领土完整。安理会发出的明确信号是，不允许加丹加省从刚果分离，如有必要，联合国将使用武力把比利时部队驱逐出加丹加。避免内战，意味着联合国部队必须把刚果不同武装力量隔开，并在加丹加实施一定的行动。

据当时受指派负责处理刚果危机的联合国副秘书长利纳回忆，当年刚果有 1400 万人口，受过高等教育的只有 17 人。联合国部队由两万多人组成，任务是维持秩序，这意味着平均一个士兵要负责一百平方公里！维和部队需要与刚果军队合作，但这支军队不听从任何人的命令，没人知道是否及何时能领到军饷，不知道为谁打仗，为何打仗。还有一大难题是没有一个政府可与商政事，甚至包括关键部门。有时是相反，同一个部门出现三四个头头，你争我斗。这意味着联合国人员得经常、长时间地作为真正的政府来运作，在各省首府派驻代表、在各地安排专家等。维和行动同样面临很大困难，为维护刚果统一，维和部队与加丹加省雇佣军发生冲突，数十名维和士兵为此献出了生命。

为了挽救危局，哈马舍尔德欲与加省领导人熊比会面，劝其改变主意，不要脱离刚果，并保证维和部队安全。鉴于加省为西方大国利益所渗透和包围，不利于会谈取得成效，遂选择在当时仍为英国殖民地的北罗得西亚（今赞比亚）靠近刚果的一处地方多拉会面。哈氏搭乘的飞机是联合国租用的瑞典一家商业航空公司的飞机，机组人员均来自瑞典。飞机自利奥波德维尔起飞，前往多拉，却不料在离多拉机场 8 英里处树林间坠毁，机上人员除一人外，全部遇难。此人是一位保镖，两天后在医院宣告不治，死前未能提供重要情况。有一种说法是如果救治更及时或送往更好的医院，原本可以拯救其生命。

然而，多拉之行在很大程度上是一次不可能完成的使命。即便哈马舍尔德不死，危机也难得到解决，原因在于各种因素在刚果错综复杂的交缠。

1960年代初，美苏两个超级大国及东西方两大集团间的冷战早已全面展开，并从欧洲扩展到世界各地，非洲的刚果也成了争夺的对象。哈马舍尔德严守联合国这一最具普遍性国际组织秘书长的职责，不站在东西方两大力量的任何一方，不愿联合国成为大国手中的工具，因而为争夺的双方所不喜。苏联指哈氏为"西方帝国主义的傀儡"，然而他恰恰不是。苏联领导人赫鲁晓夫曾经要求哈氏辞职，哈明确予以拒绝。1960年10月联大期间，赫鲁晓夫提出一项重大倡议，欲以"三驾马车"取代联合国秘书长，这三驾马车由西方资本主义阵营、东方社会主义阵营和第三世界各一人组成。哈氏明白，这样做将把大国争夺进一步扩大到联合国秘书处，幸好此动议未获联大通过。哈氏又旗帜鲜明地反对殖民主义，为英、法等西方大国所不喜。1961年7月的一天，哈氏收到美国驻刚果大使转来的肯尼迪总统发来的电报，意思很明白，即假如哈马舍尔德和他的人马不改变其"亲苏"政策，美国将认为有必要退出联合国！

此时，联合国维和部队的行动已经受挫。他们实施了两次军事行动，试图以武力制止加丹加省脱离刚果，但均告失败，蓝盔部队遭受伤亡。这促使哈马舍尔德进一步采取行动。

哈氏遇难后，他极力推动的和平谈判得以继续，加丹加省分离运动于 1963 年结束，但刚果国家的命运并未出现良性转机。

1965 年，蒙博托再次发动政变，掌握最高权力，后改国名为扎伊尔。在 32 年间，蒙博托治下的扎伊尔腐败盛行，国家糜烂，只因迎合、满足了西方大国（尤其是美、法、比等国）在冷战背景下的地缘政治利益需要（例如美就在伊建有大型军事基地），却能长久维系。1997 年 5 月，蒙博托遭反政府武装推翻，逃往摩洛哥，不久客死异乡。但结束专断统治后的刚果民主共和国［即刚果（金），以与以布拉柴维尔为首都的刚果共和国（刚果布）相区别］，又陷入混战，发生大规模侵害人权事件，联合国再次介入，离现在最近的哈马舍尔德的两位后任科菲·安南和潘基文仍须为刚果这个国家付出努力！联合国安理会于 2007 年 5 月 15 日做出的第1756 号决议，同意向刚果派遣有史以来规模最大的联合国部队，年度预算达 10 亿美元。

迄今为止，哈马舍尔德被很多人认为是最出色的一位联合国秘书长。向冲突地区派遣维和部队、任命秘书长特别代表、定期新闻发布会制度、"预防外交"概念等，都是在他任上确立或提出的。至今，哈马舍尔德的遗产还在为人们所铭记并发挥作用。2011 年 8 月 26 日，中国常驻联合国代表李保东大使在联合国安理会的一次辩论中，要求联合国维和行动应坚持"哈马舍尔德诸原则"。

坚定地不允许联合国成为任何一个大国手中的工具（而是尽力维护弱小国家的利益），是哈马舍尔德在多年服务于瑞典政府期间形成的理念。在出掌联合国之前，哈氏曾任瑞典政府部长、内阁成员，当时的瑞典是社会民主党执政，但他从未加入过任何政党，而只认自己为一名公务员。为了表明自己非政治的立场，哈氏曾经发表过一篇文章，其中写道，作为一名公务员的政治伦理，在于他服务的对象是整个社会，而非任何集团、政党或任何特殊利益。稍后他还直接提到阿尔伯特·施韦策，这位来自阿尔萨斯但说德语的医生、作家和哲学家，在长达半个世纪的时间里工作于今日所称的加蓬，是哈氏所敬佩的当代榜样之一。哈氏指出，施韦策的道德伦理引向使个人利益服从于社会，道德上所要求的忠诚首先是对社会，其次是对国际主义所代表的更大的社会。这就很自然地延伸到哈氏作为国际公务员，而且是最高级别的国际公务员，不是为个别国家服务，而是为国际社会服务这一结论了。

2001年，时任联合国秘书长安南在哈马舍尔德讲座上这样评价他的这位前任："他的智慧和他的谦虚，他无懈可击的正直和对责任的专一奉献，为国际社会的所有公务人员设立了标准——当然尤其是对他的继任者——而这几乎是无法企及的。"

作为外交家的哈马舍尔德与中国还曾有一段鲜为人知的不解之缘，也颇能反映其作为外交家的风格。1955年，当时的中华人民共和国还不是联合国成员国。为被俘的美军飞行员获释之事,哈马舍尔德展开了一次中国之旅,包括会见了周恩来总理。

事情的来由是:1952年11月29日,时值朝鲜战争期间,一架美军侦察机从韩国起飞,侵入中国领空,被我防空部队击落,两名飞行员被俘。次年1月12日,一架美国B-29军机从日本起飞,在侵入中国领空后被击落,机上11名军事人员被俘。1954年11月,最高人民法院军事法庭对这13人进行了审判,并对其分别判处长短不等的有期徒刑。

当时的美国拒绝承认中华人民共和国,两国无外交关系,美苦无渠道使这些人获释。艾森豪威尔政府在国内面临巨大压力,但束手无策。在此情况下,联大要求秘书长发挥作用,寻求途径使美军飞行员及所有"联合国军"人员获释。联大就此做出决议后,哈马舍尔德很快宣布他有意前往北京。然而他明白,一个被排除于联合国之外,又刚刚受到联大指责的政府,是不大可能与作为联大代表的他合作的。他必须找到一个中国总理兼外长周恩来可能接受的理由方能成行。

后来找到的理由,颇能反映哈氏的智慧和临场发挥的才能,也为秘书长的工作增添了一个新方面,后被称为"北京方式"。其实质是,根据联合国宪章,秘书长有义务做出努力,在世界任何地方缓解国际紧张局势。他是根据这一法律义务而不是根据指责了中国的联大决议访问北京的。

中方和周总理接受了这一方案。哈氏的一个有利条件是，当时瑞典是少数承认新中国的西方国家之一，两国之间有外交渠道。1954年年底，哈马舍尔德与中国驻瑞典大使在斯德哥尔摩见面，商谈了其北京之行的有关安排。

1955年1月5日，哈氏根据相关安排抵达北京并在中国度过了一周时间。其间，哈氏与周恩来举行了数轮会谈，议题广泛，包括美军飞行员释放问题。中方坚定表示，这是一个中国主权范围内的事情，中国对美军人员的审判和惩罚是完全正当的。会谈中，中方提供了这些人的信息，并表示欢迎他们的亲属来华探望，如果他们有此愿望的话。但当时的美国务卿杜勒斯等坚持顽固立场，认为这会被中国利用来做"宣传"，决定不让被俘美军飞行员家属来华探望。据称，哈—周的几次会谈都是在令双方满意的"较高思想层次上"进行的，问题出现了转机。1955年2月，哈氏收到了经瑞典驻华使馆转来的被俘飞行员们的照片，并立即转交给了美方。数月后，中美大使级会谈预定于同年8月1日在日内瓦举行。此前一天，中方宣布释放阿诺德上校等11名被俘美军飞行员，从而在中美大使级会谈议程上消除了这项内容，以便会谈集中到中方关心的台湾等问题上。8月1日，哈马舍尔德接获来自周恩来的电报，周恩来告知了其释放决定。同日，周恩来在北京召见瑞典驻华大使，通报了中国政府的决定，当他听说适逢哈马舍尔德的50岁生日时，即请大使转达对哈氏的生日祝贺。周恩来外交的才干和魅力，于此亦可见一斑！

关于他的此次也是他人生中唯一的一次中国之行，哈马舍尔德曾在给一位好友的信中这样写道："我的中国之行是一次美妙的经历。访问后，我觉得大长见识。美丽而令人印象深刻，永远那样遥远却又那么真实。北京的乡村和气氛是如此，周恩来本人也是如此。"他还以"钢铁般的头脑，强烈的自制和迷人的微笑"来描述他见到的周恩来。

哈马舍尔德的生命在 1961 年骤然结束，使人们震惊。其实，他是为了他的信念和他信奉的联合国秘书长的使命而献出生命的。本来，他可以让他的副手到当地去帮助解决问题，但他却决定亲赴一线，这只有从他的信念中才能得到解释。导致哈马舍尔德生命顿然终结的飞机失事事件至今成谜，哈马舍尔德的侄子、后来成为其养子的克努特至死都坚信是有人谋害了哈氏，这也促使位于乌普萨拉的哈马舍尔德基金会决定组织一个新的委员会，重新调查飞机失事原因。这个四人委员会已于 2012 年 7 月起开始工作，计划在一年内完成调查，并发表报告，我们期待委员会能在多年后为世人揭示真相！

（载《文汇报》2013 年 4 月 9 日"笔会"版）

附记：此事有续闻。2013 年 9 月，独立的哈马舍尔德事件委员会提出了它的报告，提出了如下可能性，即美国国家安全局（NSA）及其他情报机构有一盘录音带，是一个雇佣来的飞行员在说话，他被怀疑在空中将哈马舍尔德的座机击落。NSA则告诉委员会,它查下来没有发现与坠机事件有关的材料,但又说"找到两份文件与此事件有关",但该局决定不予提供。

委员会的结论是,"存在令人信服的证据,表明当飞机准备在恩多拉降落时遭到了某种形式的攻击或威胁"。

根据该委员会的报告,联合国秘书长潘基文向联大建议,根据新发现的证据及疑点,建议对1961年的神秘坠机事件重新展开调查。根据秘书长的建议,联大考虑重启调查。

半个世纪来,人们一直在怀疑和猜测哈马舍尔德的座机是遭人为破坏或被击落。坠机事件发生后,联合国、罗德西亚和瑞典分别进行了调查,瑞典和罗得西亚的结论都是飞行员操作失误。而1962年联合国的调查则以无结论告终,要求秘书长"在出现任何新证据时通知联合国大会"。这正是潘基文秘书长在多年后所做的。

委员会的不少材料都是基于英国研究者苏珊·威廉姆斯(Susan Williams)2011年出版的一本书《谁杀害了哈马舍尔德?》。委员会报告称,"飞机因某种敌对行为而坠毁的可能性得到了足够证据的支持,有理由展开进一步的调查"。

委员会的证据首先来自一位名叫查尔斯·萨尔索(Charles Southall)的美国海军指挥官,坠机那天晚上他在国家安全局(NSA)位于塞浦路斯的侦听站工作。委员会和苏珊·威廉姆斯都与萨尔索进行了接触和谈话。根据萨尔索的陈述,那天晚上他根据上级的指示值班,上司告诉他会有重要事情发生。这一交谈发生在坠机事件发生前三小时。后来,萨尔索截获了一名飞行员的口头报告,此人看来正准备向哈马舍尔德的座机发起攻击。该飞行员报告说:"我看到飞机飞得很低,我准备攻击……有火焰射出,我击中它了。"[1]

2014 年 12 月,瑞典正式要求联大对多年前的这起事件重新展开调查。其中一个重要内容是诉请所有成员国公布它们尚未公开的有关档案材料,其所指又主要是美国和英国的相关档案材料。对于瑞典来说,这是一个延续了 50 多年的伤痛,因而急切地希望查明真相,并盖棺论定。[2]

此后数年间,坦桑尼亚前大法官穆罕默德·昌代·奥斯曼在查阅若干解密档案后,于 2017 年 8 月在联合国大会上向联合国秘书长安东尼奥·古特雷斯提交了一份报告,报告称:"根据我们已经掌握的所有信息,外部袭击或威胁可能是导致空难的原因。"奥斯曼关注的重点是有关加丹加叛乱分子与飞机失事的关系。加丹加叛乱分子反对刚果从比利时独立。解密材料显示,当时叛乱分子拥有的空中力量比以往专家所认为的更强。根据奥斯曼的说法,大量目击者证明,他们在空中看到不止一架飞机,另一架可能是喷

---

[1] "New Probe Sought In 1961 U. N. Crash", *The Wall Street Journal*, May 19, 2014, A14.

[2] "Sweden seeking new inquiry into 1961 death of U. N. leader", *International New York Times*, December 18, 2014, 5.

气式飞机。这架注册为 SE-BDY 的飞机在坠毁前着火,它可能曾遭到地面火力攻击或另一架飞机的攻击。

然而,该报告仍然不能确证哈马舍尔德座机坠毁的原因。奥斯曼从英国和美国获得的档案似乎首次说明,空难发生时,在刚果境内和周边均有两国的特工在活动。报告称,这意味着也许可以从联合国成员国的情报、安全和国防档案中寻找更多有关空难原因的信息。

麦迪逊咖啡馆谈学

　　这次去威斯康星访学，不可能不想到一个人和一本书，这就是林毓生先生和他的《中国传统的创造性转化》。这本书多年前就拜读了，很为其思考和论理的深入所折服，因而留下深刻印象，之后也曾在自己的论文中加以引用。这次既然前往威斯康星，当有机会向林先生当面请教。出于礼貌起见，也是惯例，我早早地就开始用电邮联络，与林先生约好我到麦迪逊后，找一个周六的下午见面交谈。林先生并告知《中国传统的创造性转化》有一个增订本，仍系由北京三联出版，威斯康星大学的总图书馆（据说为纪念第一次世界大战中的美国阵亡将士而起名为 Memorial Library，此外该校还有多个专门图书馆）藏有一册。我抵达并获得校园卡因而进入图书馆后，首先就找这本书，不料尽管电脑显示未借出，不知何故书架上却找不到，倒有林先生的英文代表作《中国意识的危机》三册。我报告这一情形后，颇感林先生雅意，他通过他荣休前任教的历史系的前台秘书，借给我一册增订本先行拜读。

麦迪逊的"秋老虎"让我感到意外,而接下来的一周顿然凉爽。初秋的这天清新而明媚,在太阳光下能感到那么些暖意。原来准备在威斯康星大学校园内的一处地方见面交谈,不料遇到整修,暂时关闭,于是改为由林先生的夫人开车,到麦迪逊的一家咖啡馆交谈。用林先生的话说"交换意见",在我当然是难得的机会当面讨教。林先生今年81岁了,满头白发,因为脚疾,行走有些不便,需要借助手杖,但精神矍铄,思路敏捷。我先谈了拜读《中国传统的创造性转化》的两点印象。第一点是我认为从该书可看出,撰述者对学问有一种敬畏之心,而绝非视之为简单随便之事;第二点是撰述者对问题思考得极为深入,可称少见和可贵,料想起来必是当年撰述者在芝加哥大学及其"社会思想委员会"(一个极具独创性的系科)苦读期间修成的"正果"。林先生对我所谈的这两点,似乎还算认同,并谈及当年自台大毕业后负笈留美,为了节省旅费,是搭乘货轮而漂洋过海旅行赴美的。抵美后,发现不止一个系科的 required reading(必读)书目中均要求阅读韦伯的著作,然当时的青年林毓生不知韦伯是何人物,于是便问别人,结果对方答以"韦伯你都不知道",闻听此言,用林先生的话说当时简直是"无地自容",也因此暗下决心非读通韦伯不可,当然后来读通的还有康德等很多思想家的著作,还有另一位大师哈耶克老师的著述,等等。可以肯定,当年若非经这样的苦读,而且是苦读原典,是达不到后来所达到的那种思想深度的。

谈到儒家思想中的乌托邦主义问题,林先生认为,中国人有所谓"二帝"(尧、舜)、"三王"(大禹、商汤、周文王和周武王)之说，认为这些都是圣人，孔子时就已经这样看，到孟子时更是巩固，完全目之为圣人，视为是人性发展到极致而产生的。既然人可以变成十全十美的圣人，那也就基本解决了政治问题。于是，儒家便以为，经由道德的养成是塑造良好政治的根本的和有效的路径。由此便造成了一种现象，即一个绝对不可能实现的东西，深受儒家思想影响的中国人却认为可以实现，也就是视道德劝说为国家治理的根本路径，历史上的设立谏官，对道德人格的反复强调等，都是其反映。这样一来，也就不会考虑从制度上想方设法来解决问题，思路就纠结到了道德问题上，以致成了一个死结。对此，并不是没有人提出过质疑，如朱熹就曾说，这种借道德教化以解决问题的理想"未尝一日得行于天下"，黄宗羲也怀疑过孟子"一治一乱五百年必有王者兴"(王者即圣王)的说法，然而他们也都没能找到解决的办法，原因在于，儒家的基本文化前提使它找不出办法，也即徒劳地试图从人性中发展出一个良好的政治秩序。当代的所谓"新儒家"讲的也完全是这一套，而且把自己讲的那一套东西说成比良好的制度、比康德的那些还要好，还要高明。为此，林先生提出"历史的吝啬"一说，意思是上述情形是历史留给中国的一个很大不足，建设法治国家存在若干条件的缺失，今天需要好好努力，务须创造条件。当然，林先生也补充说道，他对中国文化并没有灰心，毕竟它还存在不少"优美质素"，所需要的是要从思想和制度上做扎扎实实的工作，逐步建设积累。

麦迪逊的这个下午，在时间的流淌中感觉愉快而又颇具知性的意义。我发现，在林先生的谈话中出现得最多的一个词就是"复杂"，可见他不认为所谈到的这些都是好理解好解决的问题，也不是浮泛的议论所能"参透"的，相反都是需要深长思之，需要费力克服解决的问题。这使人从中再次看到一位资深学人对学问的敬畏之心和严肃的问学态度，令人起敬。

末了，祝愿林先生的脚疾能尽快痊愈，还能长途旅行出席两年一度的"中研院"院士会议，还能再回到祖国观光讲学。

（载 2016 年 1 月 12 日《文汇报》"笔会"版）

"汤冠费戴"

——也谈"冲击—反应取向"

多年来,我脑子里一直有一个印象,也即是费正清建立了阐释中国近现代史的"冲击—反应模式"。这一印象,回想起来,多半得之于汪熙先生那篇精彩的论文"研究中国近代史的取向问题——外因、内因或内外因结合"(见汪熙、魏斐德主编:《中国现代化问题——一个多方位的历史探索》,上海:复旦大学出版社,1994 年)。在这篇文章中,汪先生说道,费正清建立了"'冲击—反应取向',强调外部因素对中国社会的正面影响",并在这句话后面加注说,"这一取向比较典型的表达见邓嗣禹、费正清合编《中国对西方的反应:文件的考察,1839—1902》(麻省剑桥,1954),第 1 页"。这里的"取向",大致对应于英文"approach",有时亦作"路径"。既然汪先生这么说,当时我未多想便接受了。但近读邓、费书的英文原版,对这一说法产生了怀疑,因为邓、费在"导言"中明明白白地说:"'刺激'(或'影响')这样的术语不太准确。这'中国的反应'是我们将要研究的,但它显然是作为整体的中国行为的一部分。换言之，西方的影响只是中国景象中的诸多因素之一。对它的反应只能从总体中国历史中费力地分解清理出来。直到我们能够建立一个更为精确的分析框架之前，本项研究的标题与其说是科学的还不如说是隐喻的。"（第5页）

既然费正清早就意识到了"刺激"和"反应"这样的说法是不准确的，那逻辑的推论就不应该是他建立了"冲击—反应"的"模式"或"取向"了，在同一页，作者甚至说"在本书中我们未做正式的努力来描述或界定西方的影响"，连对"西方影响"的界定都未做出过。事实上，从其实际内容看，似不能认为该书建立了"冲击—反应"的"模式"或"取向"，也不应认为该书是"这一取向比较典型的表达"。

邓、费又说："对一个社会被另一个社会所涵化（acculturation）的任何研究都涉及一系列的自变量。必须评价和把握两个社会的价值体系或理想，这要求研究者进行普遍化的工作，但这范围是如此之广，有时近乎无意义。'中国生活方式'必须跟'美国生活方式'比较。不仅是文化混杂的研究者必须既爱又恨地从一种文化转向另一种文化，而且他必须像生活在当今那样也生活于过去，像欣赏维多利亚时期英国的功利主义那样欣赏旧时中国的儒家思想。当我们对前近代中国的生活和思想所知甚少之时，这几乎是一项不可能完成的任务。但或迟或早我们必须做出最大的努力来。"（第3页）这里强调了要同时准确把握两个社会以及每个社会的不同时期存在很大的难度。

25 年后，费正清等又为《中国对西方的反应》的 1979年版写了一篇序，其中讲道："我们同意刺激/反应概念有其局限性，至少是因为刺激和挑战是含糊的术语，它们可能意味着或者是主观上感觉到的刺激，或者是有意识地认为的挑战，或甚至是历史学家经由反思而视为是刺激性或挑战性的改变了的情势。"

如果不能认为是费正清建立了"冲击—反应"的"取向"或"模式"，那么，这一"取向"或"模式"又来自何处呢？可以较有把握地说，是来自史学家汤因比。汤因比在其洋洋洒洒长达 12 卷的《历史研究》巨著中，把一个由 21 种文明组成的综合体看作是世界历史研究的基本概念。汤因比曾自述其历史观，称自己的主要论点之一是，历史研究的可以令人理解的最小范围是一个一个的社会整体，而不像现代西方的一个一个的民族国家，或希腊罗马世界的各个城邦那样的人为地加以割裂的片段。他的另一个主要论点是，一切所谓文明类型的社会的历史，在某种意义上都是平行的和具有同时代性的。对汤因比而言，社会的成长乃是一系列成功的应战回答了挑战的结果。历史的动力正表现在挑战和应战的相互作用之中。在文明前进的任何一点上，都有可能发生衰落。当应战敌不过挑战时，衰落就接踵而至。衰落意味着创造力的消失，标志着分化过程和自决的终结。衰落的原因是精神的，不是物质的；是内在的，不是外在的。正在死亡的文明可能完全死掉，可能被另一活下来的社会所同化，也可能作为一个"母"社会而产生出一个继承的

"子"社会。于是挑战和应战过程又重新开始。濒死的旧文明的摇篮将成为新社会的故乡。曾经是边疆的地区则又将变为中心地区，如此等等。

汤因比既然把世界历史看成是挑战—应战和文明兴衰的过程，问题便成为：一种文明能否成功地应对挑战。能够成功应对的文明便生存发展，不能成功应对的便衰落甚至湮灭，新的文明也可能随之产生。汤因比在全书的结论中说："那么多一度繁荣过的文明都已消逝不见了。它们所经过的'死亡之门'是什么呢？就是这个问题指引作者去研究个文明的衰落和解体；从而又指引他附带去研究文明的起源和生长。而这部'历史研究'就是这样写成的。"①

这便清楚了，是汤因比首先在世界各大文明的起源和兴衰的研究中采用了挑战—应战的思想和解释模式，其流风余韵，影响所及也扩展至中国近现代史的研究中，因而也催生了冲击—反应的取向或模式。后来，它受到了来自"中国中心观"的有力挑战，这是另外一个问题了。不知这一看法，方家以为然否？

（载《读书》2016 年第 7 期）

---

① 见曹未风等译索麦维尔《历史研究》节录本下册，上海：上海人民出版社，第 430 页。

也说《万历十五年》

　　7月8日"笔会"刊登的罗志田《文家与史家——听人说〈万历十五年〉有感》一文，举例比较了黄仁宇原稿和沈玉成润色稿的异同，有点意思。但文中也有不太准确处。一处是说"印象中黄先生不时用汉语写作，不过未曾发表在大陆而已"。就我阅读所及，黄仁宇生前写过不少中文文章，在 20 世纪 80、90 年代光发表于《读书》杂志的就有多篇，并非"未曾发表在大陆"。另一处是质疑《万历十五年》开启了一种历史写作模式，说"似乎没有什么书成功延续了《万历十五年》的'历史写作模式'"。这样讲，似乎也有点"随意"。《万历十五年》是一本名著，中文版 1982 年由中华书局出版，在当时"文革"劫后读书界"久旱逢甘霖"的年代，给人耳目一新之感，读来引人入胜。它使众多读者惊讶于历史可以写得如此趣味盎然，产生了很大影响，成为一本名著，也启迪了后来的一些历史著作。之后出现的、从某一年份切入叙述一个历史节点"横断面"的史著，或多或少均受到《万历十五年》的影响。这类书我见到的就不下三四种，如金冲及的《转折年代：中国的 1947》(北京：生活·读书·新知三联书店，2005)就是。所不同的是，黄仁宇所选的 1587 年是"无关紧要的一年"，而金冲及所写的 1947 年却是国共力量对比发生关键性转折的一年，但无论是"紧要"的还是"无关紧要"的年份，著作者都写出了历史的兴味。因此，说《万历十五年》"开启了一种新的历史写作模式"，并不为过。不过要指出的是，《万历十五年》所写其实并不限于 1587 年那一年，而是通过写几个人物把前后左右的事情都联系了起来，写出了看似"无关紧要"的年份中的紧要处。多年后重读，依然兴味盎然，可见其不失为一本名著的魅力。

（《文汇报》"笔会"2014 年 8 月 17 日第 8 版）

超越"耻辱"

2014 年是甲午战争爆发 120 周年。一般说来,重要的周年总是能引起人们对历史的反思和对现实的议论,此时,又恰逢中日关系紧张状态持续,两国之间僵持、摩擦,这就更引起人们围绕历史而纵论古今,以至出现了"神州争说甲午"的景象,其中尤成规模的是《参考消息》报社与新华社解放军分社联合推出的"军事名家的甲午殇思"系列以及稍后它们联合中国史学会推出的"学术名家的甲午镜鉴"系列。总体上说,通过这一讨论,我们对历史的认识可能得到了推进。与此同时,由于"一切历史都是当代史"(克罗齐语),历史与现实复杂交错,有不少论者借古讽今,经常牵涉对当今日本国家的认识,并出现了一些似是而非的说法,需要做仔细辨析。在我看来,在讨论中至少出现了如下几种观点。

一是把古与今或历史与现实中的情况做简单的类比。比如有的文章把历史上的伊藤博文与现实中的安倍晋三进行类比,提及他们都是山口县人,都是(或当过)首相等。这固然都是事实,但再往前一步或许就会出差错,因为前后两种情形之间也存在重要的相异之处,比同之时还须别异。就伊藤博文和安倍晋三两人所处的时代而言,前后的情形无论是国内还是国外,无论是人物本身还是人物所处的环境都存在很大的不同,简单类比极有可能产生误导。

二是把讨论联系到新的日本"军国主义"。如有人说,"今天的日本与甲午战争前夕,特别是二战前夕的日本惊人相似"①。这一断言与事实不符。实际上,今天的日本与甲午战争前的日本无法相提并论,与先后发动全面侵华战争和太平洋战争前的日本更有巨大的不同。该文又说,"走向军国主义的日本是亚太地区的麻烦制造者、现状改变者,是亚太地区战争危机的主要策源地"。在这里,"走向军国主义"一语是修饰"日本"的,也就是说今天的日本正在走向军国主义。这就涉及对一个重要邻国的非常重大的判断,需要斟酌。什么是军国主义?据《简明社会科学辞典》,军国主义是"为了侵略扩张,把国家置于军事控制之下,穷兵黩武,使国家生活的各方面都为军事侵略目的服务的思想、政策和制度"②。我理解的军国主义是对内由军队主导国家政权,国内一切方面服从军事需要,对外推行军事侵略和扩张的思想和路线。平衡地看,今天的日本要再走这么一条道路,内部和外部的条件都不具备。故而今天的日本与"二

---

① 彭光谦:《以坚强的国家意志应对新挑战——甲午战争120年祭》,《参考消息》2014年3月18日第11版。

② 《简明社会科学辞典》,上海:上海辞书出版社,1982年,第396页。

战前夕的日本"有本质性的不同,日本要重走那样一条道路已基本不可能了。

三是今日重论甲午战争,目的是否在于"唤起耻辱意识"?《参考消息》"学术名家的甲午镜鉴"开场白说,"站在新的历史起点上,我们回望120年前的那个甲午年,反思那段失败的历史,目的就是唤起国人强烈的耻辱意识,激发国人炙热的家国情怀"①。这便涉及一个问题:我们今天再谈甲午是为了什么? 这个问题值得认真考虑。

毫无疑问,甲午前后是一段耻辱的历史。甲午战争中,清军在陆上和海上的军事争斗中连连溃败,清朝在战争中遭到失败,作为战争结果的《马关条约》割地赔款,丧权辱国。此后,台湾经历了长达50年的日本殖民统治,好比一个狠心的母亲把自己的亲生儿说给人就给了人。它给台湾民众造成的心理创伤至今还在延续。

这些都是历史的事实。战争双方一胜一败,最关键者在于这是一个近代化了的国家及其军队跟一个仍处农业社会、古老君主专制政体治下的国家及其军队之间的战争,因而战争的结果是可想而知的。种种原因最后都可以归结为这一点。日本之胜,胜在其经过明治维新,学习先进,国家脱胎换骨,一跃而站到了世界发展的前列。清朝之败,在于体制腐朽,大而衰弱,决策层既无战略又无策略可言,既不知己又不知彼,未战即败局已经注定。腐朽之表现多多,仅

---

① 《回望历史 镜鉴今天》,《参考消息》2014年6月23日第11版。

举一例已够。1894 年 10 月底 11 月初，日军在辽东半岛花园口登陆，大量人员、武器和辎重由海上到达陆地相当费时，长达半个月始毕。其间清朝方面居然没有采取任何反击措施，日军得以从容完成部署。当外敌已长驱直入，迅速扑向大连和旅顺口时，清廷在忙什么呢？上下都在忙慈禧太后的 60 岁寿辰！11 月 7 日为庆寿的正日，光绪皇帝发布谕旨"听戏三日"。也是在 7 日这一天，大连轻易落入日军之手……

甲午战争留给我们的最重要的教训，也由此而来。这就是，一个国家必须始终站在人类历史发展的前沿，才能把命运牢牢地掌握在自己手中，这不光是指在科学技术、军事水平方面，而且在体制机制、国民精神乃至道德理念上，都要站到世界发展的前列，成为一个既有益于本国人民，又有益于他国民众的国家。所谓"中国应当对世界有较大的贡献"，其意应该在此。在我看来，这才是今天我们重新反思甲午战争所应得出的最重要结论。

历史不应该被忘却，这是谁都同意的。但熟稔历史，其旨应该是为启示未来提供智慧，指示人们前进的正确方向，而不是别的什么。历史固不能忘，但仇恨不能有。我们牢记历史不是为了复仇，中国也毕竟不是一个复仇主义的国家。

历史提供了不少反例。

世界历史表明，在争斗中暂时占据上风的一方，或战争中的胜利者，常常忘乎所以，为胜利所陶醉，并急于从战胜中获得尽可能大的"红利"。它们把打败了的一方打倒在地犹嫌不足，还要踏上一只脚，迫使对方割地赔款，不一而足。然而，屈辱的战后安排常常埋下仇恨的种子，并为日后的纷争埋下伏笔，于是一时的胜利者后来遭到"报应"……

在1904—1905年的日俄战争中，日本以小胜大，取得完胜。史上第一次，一个亚洲小国打败了一个欧洲大国。战争中，俄军陆海皆败，对马海峡一战，俄舰队全军覆灭，而此时日本的战争能力也已达顶点。在美国调停下，日俄两国在美签订《朴次茅斯和约》，日本提出的要求基本得到满足，俄同意割让库页岛南部，且由日本接过在中国东北的多项权益，等等。时任俄国首席谈判代表的维特伯爵曾经写道，到朴次茅斯和会结束时，俄国人和日本人不是作为决心互相援助的朋友，而是作为同意无限期继续斗争下去的仇敌而分别的。另据俄《消息报》，维特伯爵当时在日记中写道："如此有伤尊严的和约在俄罗斯历史上还未曾有过。这个仇一定要报。"

40年后，这仇果然报了。1945年8月，100多万苏联军队发起强大攻势对日作战，歼灭盘踞中国东北的日本关东军8万多人，俘虏日军50余万人。经过此战，苏联收复了俄当年割让的库页岛南部不说，还占领了南千岛群岛，即日本所称的"北方四岛"。此后，该群岛的归属即成为一个悬案，至今未得到解决。这一情形，在一定程度上不是由当年日俄战争及其战后安排所带来的吗？

2014年也是第一次世界大战爆发100周年。一次大战结束后所做出的安排,十足是把战败的德国打倒在地再踏上一只脚。凡尔赛和约为德国规定了巨额战争赔款,战后建立的德国魏玛共和国不堪重负。在此背景下,德国纳粹及其法西斯主义不久即兴起,并大肆扩张势力。超出实际可能的巨额战争赔偿不能不说是其中一个重要原因。仅仅隔了 20 年,各国重又陷入了规模更大、更为惨烈的第二次世界大战。这笔账,当然首先要算到希特勒和法西斯主义头上,但人们追根溯源,也不能不反思一战后的安排所埋下的祸根。

历史教给日本的这一课同样是非常深刻的。恶狠狠地榨取战争"红利",强加《马关条约》,以后又出兵加入八国联军,并伙同其他七国强加给中国《辛丑条约》,以后又是"九一八""七七事变"、南京大屠杀等,日本法西斯给中国人民带来了多么深重的灾难。然而,日本投降后,中国对日本却能以德报怨,可以说,只有一个伟大的民族才有可能这么做!

我们有理由相信,中华民族未来还会延续这种伟大。而在东海的那一边,见树不见林地纠缠于南京大屠杀中被杀害者的人数,不讲自己首先是加害者而只讲自己是原子弹的受害者,态度暧昧地前往靖国神社,其内的游就馆展现无比扭曲的历史观,如此等等,只能映照出那个民族的偏狭和使人不是滋味的思维品性,只能引起世人的失望乃至不齿。

回望甲午战争和马关条约的种种,中国当年所经历的当然是一种耻辱,这种耻辱贯穿在整个中国的近代史中。这些耻辱也使中华民族猛醒,促使人们奋进和迈向复兴,这就是历史的辩证法。回望历史会唤起人们的耻辱意识,但唤起耻辱不是我们的目的。耻辱不应该成为一种重负。今天,我们应该超越"唤起耻辱",而从历史中探寻规律,自强不息,使自身站到世界发展的前列。

21世纪的今天,中华民族的复兴在相当程度上已经是一个事实。这种复兴仍在继续中,尽管台湾海峡两岸尚未完成统一,但中华的进一步复兴是完全可以期待的。在这一历史条件下,我们更有理由超越耻辱,以宽阔的胸怀对待邻人,对待世界,这样做只会更多地赢得世人的认同和敬佩,使中国在世界上的形象更正面、更高大。至于岛国上的一些蝇营狗苟,可以断定是掀不起什么大浪的,而只能起到一些反衬的作用而已,我们不妨一笑置之。中华的复兴毕竟是什么力量都阻挡不了的。

(载《上海思想界》2014年第9期)

美英短长论

近读中华人民共和国外交史书，发现一则史料，原来周恩来总理生前对美国和英国曾有过如下一番议论。

1970 年 11 月 14 日，周总理陪同巴基斯坦总统叶海亚乘车到机场，欢送他离京回国。途中说到美国，周总理表示，一个民族需要积累自己的经验。他们（美国）的缺点就是不成熟，表现在政策上和国际行动中就是容易冲动、多变，有时候容易冒险。它有利的方面就是开创精神，比如美国初期的开创精神，敢于不顾一切进行开创，因为他们没有历史包袱。古老的、历史悠久的国家的长处就是有丰富的经验。但是必须善于分析和总结这些经验，好的传统留下来，坏的丢掉。否则就会变成历史包袱，变得保守、停止不前。所以英国的长处就是善于应付局势，不大冒险。它也有些好事，比如在世界上航海业还不发达的时候，他们就敢于到海洋上去航行，因为他们国小，要这样发展自己。但这也带来了好扩张的野心，他们成了一个殖民大国。结果，因为他们不肯抛弃这点，大英帝国没落了。所以，对于这两方面,我们都要吸取他们的长处,而弥补他们的不足。①

周恩来总理是基于他多年的外交经验和观察思考,而做出这一议论的,颇值得后人玩味思考。

人们常把"英美"并提,的确,这两个国家之间有很深的历史渊源,具有很多共同的地方,存在着千丝万缕的联系。当年,"五月花号"就是由英国驶往北美的,威廉斯堡、詹姆斯镇这些名字都带着英国的痕迹,其他不少地名也出自英国,如纽约便是"新的约克",美东北部地区是"新的英格兰",哈佛大学和麻省理工学院所在地是新的"剑桥",等等。19世纪法国人托克维尔撰述《论美国的民主》,反复论称"英裔美国人"如何如何,乃是由于英裔美国人是这"第一个新国家"的主流和主体。共同的语言,使得两国领导人和两国民众之间的交流不存在任何问题,根本无须翻译。后来,又形成了所谓的英美"特殊关系"。在二战中,英美两国作为欧洲战场对轴心国作战的主要力量,相互支持和依靠,关系紧密。到战争结束时,这种特殊关系已相当巩固。1946年3月5日,丘吉尔在美国密苏里州富尔敦的威斯敏斯特学院发表题为《和平砥柱》的演说,即所谓"铁幕"演说。在演说中,他呼吁"以英联邦与帝国为一方和以美利坚合众国为另一方建立特殊关系"。从此,英美"特殊关系"的口号沸扬,并为两国所认同。建立于二战期间的英美特殊关系,由

① 见中华人民共和国外交部外交史研究室编:《周恩来外交活动大事记》,北京:世界知识出版社,1993年,第572页。

于英美各自利益的需要,从战后一直延续至今,并继续影响着当今世界局势和一些重大事件。21世纪初,英国布莱尔政府积极追随美国发动对伊拉克的战争,便是显例。

甚至,就连1950年代末的中国人头脑发热时,提的口号也是"超英赶美",英美并提!

然而,在精神上,这两个国家之间却出现了分叉,而且这种分叉的重要性达到了不可忽视的程度。

英国具有持久和牢固的经验主义传统,凡事不从抽象的概念出发,而是始终依据具体的经验,根据实践不断"试错"和累积。而一旦形成了具体的经验和做法,便不轻易变更。英国就是这么一步步地演进而来的,至今保留着王室,保留着各种传统。英国人向来注重经验和讲究实际。那句众所周知的名言即"没有永恒的朋友,也没有永恒的敌人,只有永恒的利益",也是从英国人的嘴里讲出来的。正因为这种渐进特性,在英国所沉淀下来的东西往往也是经久不易的。这样的经验主义,决定了英国人的实际和审慎,从不轻易翻转整个国家,从不按照某一个理想或"模子"来塑造自己的国家,相反,总是从实际生活出发,逐步地改变、调整。

与此不同,美国是弥赛亚式的、理想主义的。这与美国建国历程的独一无二有很大关联,它是新的,好似在"一张白纸"上,可画"最新最美"的图画。13块殖民地经过独立战争,结合成为"美利坚合众国",然后向西、向南扩张,最终成了一个地域辽阔、幅员广大的国家。

幸运的美国充满了使命意识，自命为"山巅之城"，是照亮前方道路的灯塔。它以救世主自居，以天下为己任，要救全世界于"水火"之中。于是，它到处插手，经常"始乱终弃"，当局面无法收拾以后，留下一副烂摊子走人。这样的事情，我们看到的已经太多。在最近出版的一本新书《灾难设计师：利比亚的毁灭》中，美国众议院情报委员会前主席皮特·霍克斯特拉（Pete Hoekstra）论述美国灾难性的政策如何导致利比亚成为地中海沿岸的一个失败国家。该书详细探讨了美国对这个北非国家悲剧性的干预把这个相对稳定的国家变成了激进伊斯兰恐怖主义意识形态、人员训练和武器转手的结合部，为叙利亚和伊拉克的"伊斯兰国"种下了种子，并导致了今日欧洲的人道主义危机。霍克斯特拉以局内人对情况的熟悉和经历之深，提供了具有穿透力的洞察，证明美国天真的外交政策如何导致了灾难的出现。

这样的自命不凡，已经让美国在过去几十年间付出了重大代价，也在相当程度上招致了对美国的仇恨。"9·11"事件发生后，曾有人提出过一个发人深思的问题，"为什么他们这么恨我们？"然而这个深刻的问题却并未得到深刻的思考和回答。这是十分令人惊奇的。美国居然没有从以往的挫折中认识到自己的错误和"救世主"式思维的问题所在，也就难以避免再犯类似的错误。这样看来，美国似乎应该向它的英国"表亲"学习一点什么，或许是经验，也或许是精神，总之它有更多反思的必要。

2015 年 3 月 12 日,英国在西方大国中第一个宣布加入中国倡议发起的亚洲基础设施投资银行(AIIB)。这是英国务实精神的反映。英国的这一行动导致其他大国如法、德、意大利等纷纷跟进,可称"识时务者为俊杰",然而却被美奥巴马政府指责为"迁就"中国。这,仍然是一种傲慢态度的反映,也是"超级大国心态"作祟的结果。这是一种唯我独尊的心态,唯恐他国的兴起动摇其唯一超强地位。其背后的逻辑,是最好别人都不要发展,别人发展了,就成为对美国的"挑战"甚至是"威胁"。这样的思维,可以休矣。

(载《环球时报》2015 年 11 月 6 日)

"第五种权力"

——决策背后的那些智库

当前，智库建设在中国似乎是一浪高过一浪，方兴未艾，这大概是中国发展到一定阶段的产物。为什么这么说呢？20世纪80、90年代，日本财大气粗，成立了国际交流基金，资助其他国家开展日本研究，包括其政治、经济、外交、语言、社会等，比如资助美国的大学设立日本研究领域的讲席教授职位——哈佛大学就有 Reischauer Chair Professor，这是以美国资深的日本研究专家赖肖尔（Edwin Reischauer）命名的，此外还设立了"赖肖尔日本研究所"。等到韩国发展起来后，也建立了国际交流财团，性质与日本的国际交流基金基本上一样，提升韩国在国际上的知名度、美誉度，资助其他国家的大学或机构研究韩国的社会、历史、文化等。如今中国也发展到了这样一个阶段，有条件、有财力来做这些事情，包括建设智库。反过来，我们想一想，一个国家在积贫积弱的条件下是没有可能做这类事情的。

在我看来，智库是一种现象，我很早就对其产生兴趣。

20 多年前，那时我还是一个博士研究生，第一次出国，到英国念书。去之前已经听说了伦敦有个皇家国际事务研究所（The Royal Institute of International Affairs，Chatham House），这是我拜访的第一家外国智库。该所有一幢自己的楼，叫作 Chatham House，它很有一点来历，曾经有三位英国首相在这幢楼里居住。第一次世界大战结束后，召开了巴黎和会，与会的英国代表团和美国代表团在一起商量是否应该建立国际事务的研究机构。由此发端，后来就有了皇家国际事务研究所。当时 Chatham House 的拥有者把这幢楼捐出来赠予皇家所。为了简便起见，这个机构常被叫作 Chatham House。后来，我作为欧盟博士后，有机会旅欧，访问了斯德哥尔摩国际和平研究所、挪威诺贝尔研究所等，后者是评定和颁发诺贝尔和平奖的工作机构，也具有一定的研究职能。1998—1999 年，我到华盛顿做访问学者，美国是智库最发达的国家——数量最多、影响力最大。有人排过全美十大智库，除了总部在纽约的对外关系委员会（Council on Foreign Relations）和设在斯坦福大学校园内的胡佛研究所（The Hoover Institution on War，Revolution，and Peace），此外的大多数都集中在华盛顿。因此我有条件走访了所有的知名智库，比如布鲁金斯学会（Brookings Institution）、战略与国际研究中心（Center for Strategic and International Studies，CSIS）等。我当时的办公室在乔治·华盛顿大学的亚洲研究中心，楼下隔一条马路就是国际货币基金组织，紧挨着的就是世界银行。华盛顿是一个最佳的观察世界、了解美国并掌握美国政治外交运作的地方。再后来，我到中国驻日本大使馆工作了两年，而东京又是日本智库最集中的城市。我的本职工作主要有两方面：一是调研。调研工作主要是研究驻在国的政治经济社会外交及相关的地区和国际问题，把相关情况准确报告给国内。二是办案，就某一件具体的事情与驻在国政府打交道。调研工作跟日本主要智库和大学有关，有时需要听取他们的看法。在这个过程中，我对日本的智库也有了一定的认识。在上述的过程中，我开始撰写《第五种权力——论智库》书稿。

什么叫智库？在中国，相对来说，这是一个比较新的问题。简单地说，智库就是"就有关的国内、国际问题，进行政治导向的研究、分析和建议的机构或组织"。智库有各种类型，有的专注于国内问题研究，有的侧重于国际和对外事务研究；有的规模比较大，国内和国际通吃，有的更专门一些。比如我们前面提到的布鲁金斯学会，以及传统基金会（Heritage Foundation）、兰德公司（The RAND Corporation），都是规模较大的智库。以兰德公司为例，总部设在加州的圣莫尼卡，在美国的其他城市华盛顿、匹兹堡设有分支机构，还在英国剑桥、德国柏林等地设有办公室，触角伸得很远。其最核心的事务是与美国国防部以及军方签约，受它们委托开展特定的研究，此外研究领域还涉及教育、老龄化、加州的有关发展问题等。

也有相对规模小、集中在某一领域的智库，比如说美国的战略与国际研究中心专门研究世界问题和对外关系。1962年它成立的时候,是乔治敦大学的组成部分,20世纪80年代成为一家独立的机构。智库有不同类型、不同规模、不同领域,如致力于国际经济政策研究的彼得森国际经济研究所(Peterson Institute for International Economics)、侧重环境问题的世界观察研究所(Worldwatch Institute)。他们都有专门的人员和场所,自我定位也基本相同——对公共政策问题进行持续性的研究、分析和建议。

那么,智库的功能是什么?我做了一些概括。一是生产政策思想,这是智库最主要的功能之一,即针对重要的公共政策问题(对内/对外),研究并提出新的思想。有的思想可以很快被政府接受、采用,转换成某种具体的政策;有的思想在提出时没有受到重视,过了一段时间后,才得到决策者和社会的支持。人们可能会有疑问,为何要让智库发挥这样的作用,而不是政府官员自己?这是因为两者的工作性质和工作方式不同。政府官员每天都要面对、处理层出不穷的问题,很少有思考的时间,而智库能够组织一拨人,就他们认为重要的问题进行研究,最后将思想和政策主张提供给政府和社会。"二战"以后,曾经的盟友——美国、苏联形成了对峙、冷战的局面。此时世界已经进入了核时代,如何避免会给人类带来巨大灾难的核战争,如何在核时代维护世界和平,就成为一个非常突出的问题。在冷战时期,就有很多智库研究核时代的相互威慑等问题,如何达成一种平衡,使得任何一方都不敢贸然发动核攻击。

二是提供政策方案,其中一种是洋洋洒洒的长篇报告。一个典型的例子是,20 世纪 80 年代初,里根上台。里根之前的美国总统是卡特。在卡特执政的四年间,美国在世界上连遭挫折,搞得灰头土脸,特别是伊朗发生了伊斯兰革命,美国驻伊朗大使馆的几百个工作人员被扣为人质。卡特政府为此制定了一个营救方案,结果行动失败。原本是美国在中东地区强有力盟国的伊朗变成了一个敌人。后来卡特竞选连任失败,里根竞选总统成功。当时,传统基金会准备了一份长卷,就美国对外、对内政策的各个方面,提出他们认为应当重视的问题以及如何应对的一系列建议。类似的还有胡佛研究所,在 20 世纪 70 年代末,组织庞大的研究队伍撰写了一本《80 年代的美国》,供新一届政府参考。80 年代末的时候又撰写了《90 年代的美国》。当前美国进入了新的政治周期,从现在到 2016 年 11 月大选的这段时间内,各家智库都会就美国内政外交的相关问题提出他们的看法,提出自己的主张,以供新一届政府在 2017 年 1 月上台时,可以直接拿来参考。另外一种是简报。由于政府官员事务繁忙,没有时间思考,也没有时间阅读长篇大论的文章,所以智库经常以两三页的篇幅来体现他们的研究成果。这种言简意赅的报告相当于中国的内参,就某一个具体问题形成一份简报。

三是储备和提供人才。尤其是在两党轮流坐庄的美国,当年跟随小布什从政四到八年的一批官员离开政府后,相当一部分在民主党奥巴马执政期间进入了各家智库。一般说,这些智库在思想理念上与共和党比较接近,比如传统基金会、美国企业研究所(American Enterprise Institute),就像是蓄水池一样。包括前国防部长拉姆斯菲尔德、前副总统切尼夫妇、前国务卿赖斯等。现在两党的总统竞选人还没有产生,要到 2016 年七八月份,共和、民主两党召全国代表大会时,才能正式确定下来。假设最终是共和党的总统竞选人胜出,那么现在的这套政府班子就要大换血——美国换一个总统时,有超过 3000 个政治任命官员要跟着一块调整,其中很多人就来自智库。这是典型的"一朝天子一朝臣"的做法。

四是教育功能。比如面向新当选的国会议员提供培训。美国有大大小小 50 个州,来自华盛顿之外的新当选国会议员对于政府体系的运作不一定熟悉。有些智库看到了这种情况,就把他们组织起来开办课程。也有通过举办各式各样的活动来发挥某种教育功能的,比如总部设在伦敦的著名的国际战略研究所(International Institute for Strategic Studies),每年都要举办一个重要会议——"香格里拉对话",地点就在 2015 年见证了"习马会"历史性时刻的新加坡香格里拉大酒店。会议聚集了来自政府、防务界、学界、媒体的知名人士,包括美国国防部长、日本防卫相、中国军方代表等。此外,办刊物也是很重要的一种方式。比如说,美国对外关系委员会的杂志 *Foreign Affairs*(《外交事务》),就是这个领域的著名刊物,从事这个行当的人士无人不知。再比如英国的皇家国际事务研究所，有一份刊物叫 *International Affairs*（《国际事务》），1924 年创办，迄今仍在继续出版，在世界上有一定的知名度。

五是到议会/国会作证。在美国，国会有参议院、众议院，两院内都有多个常设委员会，依照不同领域成立外交委员会、赋税委员会、政府监督委员会等，在这些专门委员会下面还设有小组委员会（比如外交委员会下有亚太小组委员会）。不管是常设委员会还是小组委员会，它们都会就有关问题举行听证会。当它们认为某个问题很重要时，会在国会进行审议和做出决定前举行听证会，邀请相关领域的专家（其中有相当一部分人来自智库）去国会作证——就特定问题发表自己的看法。作证一般是没有报酬的，但智库对于这方面的工作很重视，因为这能显示它们的地位和价值，同时提高自身的能见度和知名度。

六是作为政策制定者发表政策演讲的场所。当政府高层决策者感到需要做一个政策演讲，就某一个问题向国内外的公众、社会表达政府的主张时，很多时候就会把地点选在某一家智库。政策制定者和智库双方都乐意这样做。比如总部设在纽约的亚洲协会（Asia Society），在奥巴马任总统期间就争取到好几次这样的机会。2009 年，在希拉里·克林顿以美国国务卿身份出访亚洲四国的前夕，就选择在亚洲协会发表演讲，就美国的亚洲政策阐述相关的见解和主张。曾在白宫辅佐奥巴马的托马斯·多尼伦夜曾以总统国家安全事务助理的身份在亚洲协会做过政策演讲。2012

年,日本曾发生过"购岛(钓鱼岛)"闹剧,发起人东京都知事石原慎太郎就是在华盛顿的传统基金会演讲,宣布这一企图的。

七是知识创新的重要来源,最有代表性就是兰德公司——在战后的几十年间,作为政策分析重要工具的系统分析、各种模拟手段以及博弈论,都与这家公司有关。大家都知道《菊与刀》这本书,作者是人类学家鲁思·本尼迪克特。当时,为了研究如何打败敌国日本并在战后做出妥善安排,美国政府邀请她从民族特性、文化特征角度加以剖析,《菊与刀》一书就是由此而来的。2001年,美国发生了"9·11"恐怖袭击事件,震惊了全世界,美国人突然意识到,阿富汗这样一个如此偏僻遥远的地方竟然能对本国的安全产生这么大的威胁,造成这么严重的创伤。了解阿富汗一时成了当务之急,但很难找到对此有研究的人士,最后听说在内布拉斯加的一所没有名气的大学有一个阿富汗研究中心,于是以前默默无闻的机构发挥了作用。再补充一个故事:20世纪90年代初,西方国家对中国进行所谓的制裁,中国改革开放的进程遭受挫折。在那时,外界并不怎么看好中国的发展,很少有人会谈论中国的崛起,但是有一位智库的分析家预见到了中国崛起的必然趋势。1993年,他出版了 *The Rise of China*(《中国崛起》)一书,先声夺人,这位分析家的名字叫威廉·奥弗霍尔特。

最后一个功能,是开展特定的民意调查。有家智库名芝加哥对外关系委员会(Chicago Council on Foreign

Relations),从 1974 年开始,就美国公众对美国对外政策的看法和意见,每四年进行一次民意调查。三四十年下来,掌握了非常翔实的资料。现在他们改名为芝加哥全球事务委员会(Chicago Council on Global Affairs),调查的工作还在继续。也有一些智库委托调查公司,汇集数据,再进行分析研究。澳大利亚有一家洛伊国际政策研究所(Lowy Institute for International Policy),创办人是澳大利亚零售业巨头弗兰克·洛伊,他们也经常从事一些民意调查。

为什么中国会出现智库热?一个原因是政府有需要。现在从上到下,都很重视智库建设。用官方的话语来说,是实现国家治理体系和治理能力现代化的需要。实现这一目标的一个方面,是需要中国的智库发挥它们的作用。还有一点,人们认识到,中国需要在一些内外问题上更多地掌握话语权,而过去都是西方世界占据话语主导地位,这种情况应当改变。而智库被认为是很重要的一支力量,可据以发出中国的声音。从目前中国的情况来看,政府拥有大量资源,有能力、有条件来推进中国特色新型智库的建设。领导层认为要确立一批高端智库,进行重点扶植建设。当然,有热就会有冷。我认为智库建设不应是短期的,而是一项长期的事业,这符合其自身发展规律,认识到这点也有助于使智库更好地发挥作用。国际上影响力最大的那些智库都是经过了长期发展的,比如皇家国际事务研究所(1920)、布鲁金斯学会(1927),就算是相对较新的传统基金会(1973),也有四十多年的历史了。一家智库的发展、成熟,需要一个过程,所以我们要把智库建设看作是一项长期的工作。

不同智库的资金来源不同。一种比较好的财务情况是,一家智库有自己的基金(endowment),往往是有富翁捐了一大笔钱,然后存在银行获取利息或是委托管理公司去投资盈利。如果没有大金主,就必须每年筹集一定数额的经费来维持机构的运作。资金来源是否稳定,对于一家智库能不能持续开展研究工作是关键性的。国外很多智库的总裁,平日最重要的事务就是筹集资金,有了资金才能聘请知名的专家。从美国的情况来看,大部分智库的资金来源都是非政府性质,一般来自基金会、公司或者个人,以及出版物的销售收入。而得到政府资助的如美国和平研究所(United States Institute of Peace)是经由国会立法而成立的,经费主要由国会拨款提供,后来也开始从其他渠道筹集一部分资金。还有设在夏威夷的美国东西方中心(The East-West Center),成立于 20 世纪 60 年代初的约翰逊政府时期,目标是成为连接东方和西方的桥梁。同样是通过国会立法成立,但多年来国会拨款在该中心预算中的比例一直在下降,如今大概在 30%。这里面牵涉到一个问题,如果资金属于个人捐赠,会不会受到捐资人的影响?或者说,在多大程度上受到影响?很多时候,一家智库接受捐助是有条件的——我欢迎你捐赠资金,但是你不应该告诉我们去研究什么问题,更不能要求我们去发表何种观点或主张。在多数情况下,智库都能较好掌握这方面的尺度。但即便如此,有时也不可避免地面临来自捐资人的压力。小布什执政时期，有一个著名的说法"邪恶轴心"——伊拉克、伊朗、朝鲜，在小布什公开发表这样的言论后，造成了很大的影响，以负面居多。当时的演讲稿起草人弗洛姆在小布什下台后进入了美国企业研究所。有一次他写了一篇文章批评国会通过的一项议案，结果给自己惹来了麻烦。在接到捐助人的"投诉"电话后，研究所总裁决定要他卷铺盖走人。如何在对外标榜的客观性、为社会公共利益而研究的立场与获得资金捐助之间保持一种平衡，这是一家智库不得不考虑的问题。

在认识中国、谈论中国方面，国外各家智库之间的区别，在于他们的研究是比较客观，还是比较不客观。一家智库要赢得广泛的认可，就必须尽可能地遵循客观研究的原则。2001 年，美国一位曾在中国工作的律师出了一本唱衰中国的书，书名为 *The Coming Collapse of China*（《中国即将崩溃》），但事实证明，他的预测一点也不准确，现已成为笑谈。尽管如此，中国崩溃论的声音并没有消失。2015年 3 月 6 日，《华尔街日报》发表了沈大伟的文章，这位作者被认为是中国研究专家，但这篇文章是他所有文章中最不靠谱的一篇。也有做得比较好的，比如卡内基国际和平基金会（Carnegie Endowment for International Peace）和布鲁金斯学会的研究人员，他们在看待中国时相对更为客观理性。

（北大博雅讲坛第 33 期——智库与外交，整理/黄春宇）（原载《文汇学人》2016 年 1 月 15 日）

美国智库的另一面

　　但凡谈起智库，人们总会谈到美国智库，尤其是那些人们耳熟能详的知名智库。的确，美国智库以其数量之众，影响力之大，在世界上可称独一无二，亦常为人所羡。还有一些颇具国际性的智库亦然。早在 20 世纪 80 年代，曾任日本首相的中曾根康弘就是在看到伦敦国际战略研究所发展成为颇具影响的一流智库后，才深感羡慕和刺激，后来在日本东京创办了世界和平研究所（它的英文名称转译为中文即是"国际政策研究所"）。

　　美国智库的影响力，当然是因若干条件而共同造就的，如美国的超强地位、英语作为一种国际性语言、美国标新立异的文化以及私人基金会的发达、灵活的人才流转机制等，都是其中的原因。有的是其他国家能够学习的，有的则很难学，或者要等到条件具备以后才能做到。人们以肯定和赞赏的态度谈论美国智库是完全可以理解的，但本文要讨论的是美国智库的另一面或不那么光鲜的一面，是其他国家智库在发展过程中应该注意避免的。

首先是不少智库的党派性。

很多美国智库都标榜自己是"非党派的"（non-partisan），以显示自己的公共政策主张是着眼于整个国家或社会的，而不是反映某个政党的主张乃至需要。然而，美国的意识形态光谱存在左右两极，近几十年来，它们之间展开了堪称激烈的"思想战"。要想打赢思想战，那就得请来智囊团，于是美国的智库便卷入了其中，成为这一思想战的重要组成部分，党派性于是也产生和凸现。"物以类聚，人以群分"，具有相同或相近思想倾向的人们会自然地走到一起，党派性和与之相应的阵线也便愈加分明。

譬如，处于政治光谱右端的有美国企业研究所（AEI）和传统基金会，它们与共和党走近。处于左端的是布鲁金斯学会，是民主党人的大本营。这是就美国的老牌智库而言的（传统基金会相对较新，成立于1983年）。而就较新的美国智库而言，党派性的发展可说是愈演愈烈。

曾有一个名为"新美国世纪计划"（Project for New American Century）的智库，成立于1997年。从这个名字便可看出，创立者的目标是要使21世纪成为新的美国世纪，主要成员包括当时哈利伯顿公司的迪克·切尼、曾任职于共和党政府的唐·拉姆斯菲尔德以及保罗·沃尔福威茨，沃氏后来成为拉姆斯菲尔德的副手、国防部二号人物，他们都是领导了伊拉克战争的鹰派人物。美国新世纪计划的成员还包括后来切尼的办公室主任刘易斯·利比，以及理查德·珀尔等。美国新世纪计划的CEO则是新保守派威廉·克里斯托。

小布什入主白宫后,以新保守主义为代表的右翼思想及其主张在美国政策圈大行其道,其表现是"新美国世纪计划"和美国企业研究所等智库"扬眉吐气",竭力施加影响。白宫发布的 2002 年《美国国家安全战略》报告就全面反映了新保守力量的政策思想,直到发动伊拉克战争而达到顶点。这场战争标志着新保守主义在思想和实践上都达到了登峰造极的地步。同时物极必反,也酝酿了失败的苦果。

具有讽刺意味的是,聚集在"新美国世纪计划"和美企所周围的这批力量,本意是野心勃勃地要使 21 世纪成为新的美国世纪,结果事与愿违,伊拉克战争使美国国力大损。受此刺激,科特·坎贝尔辞去战略与国际研究中心(CSIS)副总裁一职,在民主党"金主"的支持下,与米歇尔·弗卢努瓦共同创办了"新美国安全中心"(Center for a New American Security,CNAS),就连这名字也显示了与"新美国世纪计划""对着干"的意思。CNAS 成立于 2007 年 2 月,根据其自我定位,中心的使命是开发强有力、务实和有原则的国家安全和防务政策,促进和保护美国的利益和价值观。坎贝尔后来在奥巴马政府第一任期中出任负责东亚和太平洋事务的助理国务卿。同样出于对美国战略与政策方向发生严重偏差的不安和担忧,富有的民主党人士还决定出资建立别的新智库以扭转思想风向,以便为国家提供在他们看来最符合美国利益的政策选择和政策方案。

2008 年 11 月,美国争夺总统大位的选举即将举行,两党候选人全力冲刺。这时，一个民主党的团队在华盛顿悄悄地展开工作，为奥巴马顺利掌权做准备。选前，尽管无法知道最终结果究会如何，但多数民调均显示奥巴马较有可能胜出。领导这个团队的就是曾为克林顿担任白宫办公厅主任的约翰·波德斯塔，华盛顿新智库美国进步中心（Center for American Progress）的总裁。他的任务包括提供一些人选，由联邦调查局和国土安全部进行高规格安全审查后纳入新一届民主党政府，前提当然是奥巴马胜选。他还向奥巴马的高级竞选助手提供了一份 26 页的文件。文件详细描述了前五任总统从当选到就职期间每一天的具体工作。民主党一心要避免重复比尔·克林顿 1993 年接管白宫时出现的混乱。当年，过渡工作直到他当选后才开始，导致执政后的最初一百天困难重重。在此前后，波德斯塔的大作《变革的美国》新鲜出炉，这部书分 50 章，对奥巴马如何管理新的民主党政府提出建议。在此数年前，波德斯塔创建美国进步中心，与"右派"智库大本营传统基金会对阵。另一位克林顿时期的白宫官员、此时任美国进步中心发言人的珍妮弗·帕尔米耶里说，美国进步中心是一个"侍奉"民主党的机构。定位是明白无误的，纲领也是明白无误的，它就是要做民主党的智库，在政治立场上与民主党一致，为民主党出谋划策。这种情况就不能叫"非党派"了。一旦智库与党派密切联系起来，公共政策研究的客观性就要打上一个问号了。

　　一段时间来，美国智库发展的一个新趋势便是这种游说型的智库越来越多,而这未必是一种健康的趋势。

筹资是智库生存和发展的一大关键。有资金才能聘用人才,举办活动,并进行其他方面的运作。一家智库的领导人很可能要将大部分时间和精力用于为自己的智库筹集资金。这就意味着,智库跟资金的提供者要发生千丝万缕的联系。传统基金会号称自己是筹资基础最为广泛的智库,依靠众多支持者的涓涓细流。有些智库很注意资金来源的多元化,如基金会、公司、政府部门(包括外国政府)、个人、出版物收入等,以避免过于依赖一两个来源。但一旦有富人表示愿意捐助的时候,一家智库可能是难以抵御这种诱惑的。而一旦富人成为智库的大小"金主",即使智库要求不能以发表、鼓吹特定观点为捐助的前提,也得小心不要与捐助人的观点或观念背道而驰,否则就要冒捐助人撤回支持的风险,而这可能是它们所无法承担的代价。在这方面,小布什总统的演讲稿操刀手戴维·弗洛姆就是一例。小布什在任总统期间,于2002年国情咨文讲话中使用了引起极大反响的"邪恶轴心"一说,就是出自这位弗洛姆的手笔。即便如此,2010年3月21日,奥巴马总统的医疗卫生改革法案在国会获得通过。这时已转任美企所研究员的弗洛姆发表文章,称这是共和党的"滑铁卢"。他批评共和党不应全盘反对医疗卫生改革。本来,对此事有个人看法并不足为奇,如有一点宽容的精神,本非大事一桩。但作为美企所人员,却被认为应捍卫本阵营立场,怎能如此"唱衰"?第二天,亲保守阵营的《华尔街日报》社论便点名抨击弗洛姆。

弗也接到美企所总裁阿瑟·布鲁克斯的电话,要他辞职走人。当然还是给他留了个面子,走人后仍可以用该所研究员的名义,但没有薪水,没有办公室,实际上就是遭解雇。来自其他方面的消息也表明,弗洛姆发表上述言论后,美企所不断接到其捐款人表达不满的愤怒的电话。如此一来,该所是不可能不采取行动的。

于是,掌握金钱者就成了对智库拥有权势的人,他们同样可以通过资金的捐赠来施加影响。

这些事例证实和说明了曾任一家重要智库负责人的彼得·塔诺夫的话,即当一家智库是为一种党派利益或特定政策而鼓吹或工作时,它就可能产生消极的作用。而这一点在美国表现得尤其明显。

又如,"旋转门"是一种极具美国特色的人才流动机制,相当高级别的人士在政府、智库和工商界之间流转,成为政府吸纳人才、发挥其作用的一种重要方式。这种机制,的确有它可称道的地方,但也未必没有弊端,然而这是人们通常不够注意的。在政府担任相当级别的官职时,工资不会太低,但也不会太高,与一些大公司或律师事务所比起来大概要"吃亏"一些。但"比较优势"在于,一旦担任了较高级别的政府职务,便成了一种"资本"和"身价",日后极有可能被一些大公司出高薪争相延揽,其"醉翁之意",双方心里都有数。比如一些军火工业巨头延揽政府前高级官员出任本公司高级职务,目的莫不是要受聘者利用其在政府内的人脉关系,为获得政府合同而不遗余力,而一旦获得合同,借用过去电影上的一句台词,哪一个不是"大炮一响,黄金万两"? 大量的利润于是大把大把地流进了军工集团的囊中。于是,"旋转门"成了利益流转之门,成为权势集团的一种勾连机制。谁能说这不是其弊呢? 在华尔街与华盛顿之间、高盛公司与美国政府之间,也存在这样的旋转门。难怪对华尔街进行改革有这么难,在《多德—弗兰克法案》通过五年后的今天,"大而不能倒"依然是悬而未决的问题。原因在于利益结构已经生成,它有各种办法来抵制、化解各种改革措施。

可见,一国的智库并不是多就好,或者多多益善,当然也不是愈少愈好,关键在于数量适中,更重要的是能对公共政策问题进行出自公心(而非私心)的研究,并进而提出建设性的主张和建议。至于它们能否进入政策过程,成为可行的实际政策,这要看政府和智库之间能否良性互动,与体制有关,也跟掌权者能否倾听和从善如流有关。美国有这么多智库,却仍然犯下发动伊拉克战争这样的战略性错误,是很值得人们深思的。

(载《中国社会科学报》2015 年 8 月 27 日,发表时题为"客观看待美国智库'另一面'")

止于所不可不止

——中国与流产的第二次亚非会议

这里所说的第二次亚非会议，是一次差点开成了但最终没能开成的国际会议。此事与中国颇有渊源。在此之前的第一次亚非会议，即举行于 1955 年的著名的万隆会议。那次会议发表了"万隆会议十项原则"，其中涵盖了由中国、印度和缅甸等国共同倡导的和平共处五项原则。笔者曾有幸到过一次印度尼西亚万隆，也专门去参观了万隆会议的旧址，这幢建筑物现如今是一个博物馆。站在当年各方云集的会场中，睹物思人，不免心生感慨：一个多么风云激荡的时代！ 在当年的万隆会议上，周恩来总理纵横捭阖，运作各方，为会议的成功做出了杰出贡献。第一次亚非会议以反对帝国主义和殖民主义为旗帜，宣示新独立的各国有能力主导自己的命运，从而在当代国际关系史上写下了浓墨重彩的一笔。

既然如此，那么，在万隆会议召开十周年后举行第二次亚非会议，似乎便成了顺理成章之事。由于第一次会议是在亚洲召开的，第二次会议照理应在非洲举行。各方对此均表同意。

1964年4月,22个亚非国家的外长齐聚印度尼西亚首都雅加达,举行第二次亚非会议筹备会。会议做出一个重大决定,即1965年3月10日在非洲举行第二次亚非国家首脑会议。至于在哪个非洲国家召开,则建议由非洲国家首脑会议商定。三个月后,在开罗举行的第二次非洲首脑会议上讨论第二次亚非会议的举办国时,争论很激烈。经过反复协商,最后决定在阿尔及利亚首都阿尔及尔召开。

外交史的记载显示,中国对召开第二次亚非会议一事极为重视。1964年4月9日下午,周恩来总理亲往机场欢送陈毅副总理兼外长率代表团前往印度尼西亚出席第二次亚非会议筹备会议。4月18日,周在政协礼堂出席首都各界1500多人举行的集会,隆重纪念第一次亚非会议九周年。各国使节、亚非拉友人出席了大会。4月26日,周又亲往机场迎接陈毅副总理率代表团出席第二次亚非会议筹备会议后回到北京。在万隆会议后的这一时期,中国与印度尼西亚间的各项事务发展顺畅,关系良好,自然也共同成为推动召开第二次亚非会议的重要力量。

然而,1964年的亚非各国,要在次年召开第二次亚非国家首脑会议,面临着的形势极其错综复杂。根据时任中国驻阿尔及利亚大使的曾涛忆述,有争议的问题颇为不少。

第一个有争议的问题是苏联可否与会。在雅加达外长会议上,印度就提出建议邀请苏联与会,中国等一些国家表示反对,理由是苏联为欧洲国家,第一次亚非会议没有参加,第二次也不必邀请。当时,中苏关系已经破裂,中苏之间正在进行一场公开的大论战。中印同为第一次亚非会议与会国,但中印之间在1962年发生了一场边界战争,关系出现了严重裂缝,而印度与苏联则走近。此后,印度继续坚持邀请苏联与会。

第二个问题是要不要邀请联合国秘书长吴丹与会。阿尔及利亚有意邀请吴丹和联合国大会主席奎森·萨基参加。中国坚决反对把亚非会议和联合国挂钩,指出联合国诽谤中国和朝鲜是"侵略者",至今不恢复中国在联合国的合法席位;联合国的代表是美国的代理人,不能邀请他们参加。

第三个是关于是否邀请马来西亚的问题。时印度尼西亚与马来西亚严重不和,印度尼西亚代表认为马来西亚是英国新殖民主义的人为产物,不同意邀请。有的国家代表则认为马来西亚不是世界上唯一的人为产物,不应把它排斥在外。中国支持印度尼西亚不邀请的意见。

第四个是有些非洲国家想邀请冲伯代表刚果出席会议,但因冲伯曾经杀害刚果独立领导人卢蒙巴,好几个亚非国家反对冲伯政权。

第五个是关于是否邀请韩国、南越参加的问题。大多数国家代表认为它们是美国的傀儡政权,不应邀请。少数国家代表则提出只要是亚非国家都可邀请。

面临如此争议纷纭的问题,可以想见各方要达成一致之困难程度。在此背景下,东道国阿尔及利亚提出由于物质、技术准备工作来不及,要求延期召开会议。1965年1

月27日,周恩来在人民大会堂福建厅同印度尼西亚第一副总理兼外长苏班德里约会谈时,称:反帝反殖阵营、新兴力量阵营正在扩大,但还要做许多工作,如开好第二次亚非会议。阿尔及利亚提出因技术原因,第二次亚非会议最早在5月开。印度尼西亚总统苏加诺只好同意,先在万隆举行十周年庆祝,形成声势,推动工作,这样就把坏事变成了好事,也给我们带来了两个任务。一是在推迟后,由于离会议召开还有四个月,夜长梦多,要破坏的人就会活动起来,所以要防止破坏活动;二是要好好庆祝万隆会议十周年,这本身带有防止破坏的任务,要把这两个任务联系起来。

2月8日,正式决定宣布:原定于1965年3月10日召开的第二次亚非首脑会议由于物质、技术原因推迟到1965年6月29日举行,为首脑会议做准备的外长会议于6月24日举行。这是第二次亚非会议的第一次延期。

1965年3月30日至31日,周恩来总理对阿尔及利亚进行了两天的访问,主要是与本·贝拉总统会谈。周详细解释了中国反对亚非会议与联合国挂钩和反对邀请苏联与会的理由。还说:苏联不参加有好处,不会把社会主义国家间的争论,特别是中苏两党、两国的争论带到会上。

4月中下旬,周恩来总理和陈毅副总理兼外长前往印度尼西亚,参加了第一次亚非会议十周年庆祝活动,其间会见了前来参加同一纪念活动的阿尔及利亚副总理赛义德等。5月,在会见到访的印度尼西亚第一副总理兼外长苏班德里约时,周就第二次亚非会议问题说,亚非反帝斗争深入发展，群众基础更加广泛，上层分子在分化。阿拉伯国家、非洲国家都出现了分化。第一次亚非会议不为西方所重视。当时它们自恃有东南亚条约组织和巴格达条约组织，认为会议开不好。万隆会议的结果出乎帝国主义的意料之外。现在，非洲有30多个国家独立，亚非加起来有60多国，此外还有20多个争取独立的国家和地区。10年前，人们都看不起亚非会议，现在都想钻进来。第二次亚非会议虽然有困难，但是市场价值很高。我们面临着一场很大的斗争。这场斗争不仅是在亚非内部，而且还是在联合国之外的一场大斗争。

周恩来的感觉没有错，不久就出现了大风波，使第二次亚非会议命运多舛。6月18日，周恩来和陈毅乘专机离京赴阿联（即阿拉伯联合共和国，由埃及和叙利亚于1958年组成，1961年叙利亚退出后，阿联解体，但埃及仍然保留这个国号直到1972年为止）访问，包含有为第二次亚非会议作最后准备的意思，并将由开罗前往阿尔及尔出席第二次亚非会议。不料天有不测风云，还在中国政府代表团飞往开罗的途中，阿尔及利亚国防部长布迈丁于6月19日清晨发动军事政变，逮捕了总统本·贝拉，成立了以布迈丁为主席的革命委员会，第二次亚非会议的东道国风云骤起，政局突变！周恩来等下飞机后，受到阿联总理萨布里迎接，并在当天举行的会谈中得知了一些情况。第二天即6月20日，周在阿联总统官邸同纳赛尔总统举行第一次会谈。纳赛尔总统谈了阿尔及利亚"6·19事件"，又介绍了一些情况，以及亚非会议能否如期召开的问题,双方同意在与对方和其他国家协商之前先不表态。晚上,周在纳赛尔总统举行的宴会上讲话重申,中国政府一贯支持第二次亚非会议的召开,中国的态度是积极的。过去是这样,现在还是这样。次日,中国外交部负责人分别约见 21 个亚非国家的驻华使节,通知他们中国方面对阿政变的态度和主张如期开会的立场。外交部并指示我国驻亚非各有关国家使节,要他们向驻在国说明中国立场,希望其领导人如期与会。

6 月 22 日,周在开罗同纳赛尔总统进行了第四次会谈。当讨论到亚非会议问题时,周表示,二次亚非会议的反帝调子不应低于二次不结盟会议,否则就是软弱无力的会议。点名谴责和指出侵略的性质、责任,两者比较,后者主要。必须分清敌我。晚上,在为纳赛尔总统举行的答谢宴会上,周表示,中国完全支持如期召开第二次亚非会议,并且热忱希望亚非国家将通力合作,使第二次亚非会议不仅如期召开,而且能够开好。显然,中国希望已定于数日内召开的第二次亚非会议不受政变影响,按原定计划举行。

然而,形势比人强,转折还是发生了。6 月 23 日凌晨 3 时 15 分,周恩来在开罗接见专程前来的阿尔及利亚外长布特弗利卡。在外长介绍了"6·19 事件"的起因和经过后,周谈了对阿尔及利亚事件的认识。上午,周在纳赛尔总统陪同下乘专列访问亚历山大港。去车站的路上,纳赛尔总统第一次提到了推迟亚非会议的问题。纳赛尔称:昨晚布特弗利卡对我说,现在阿尔及利亚的局势不安定,最好推迟亚非会议。但阿尔及利亚不便出面建议推迟。中午,周在亚历山大和纳赛尔总统会谈时表示,如东道国对如期召开会议确感困难,希望在小范围内向阿联、印度尼西亚、中国、朝鲜、越南、马里和巴基斯坦等国代表说明困难。纳赛尔则说,要它对那么多国家说明困难是不可能的,因为它面子上过不去,范围要再小一些,如向中国、印度尼西亚和阿联等三个国家说明就行了。周表示同意。纳赛尔还对周说,英联邦非洲国家,如肯尼亚、坦桑尼亚、赞比亚、马拉维、加纳等都建议推迟会议。

仿佛这还不够,6 月 25 日晚,已确定作为会址的阿尔及尔国际会议大厅发生了一起爆炸事件,导致十几个工人和工作人员伤亡。这样一来,人们又陡然增加了对安全形势的担忧,各国代表议论纷纷。对此事阿尔及利亚方面一直未提供调查报告,因而原因至今不明。11 个阿拉伯、非洲国家的代表在阿尔及尔举行非正式会议,提议第二次亚非会议推迟到 10 月举行,理由是非洲国家来得太少,现在开会不能代表非洲。在此形势下,各方均同意延期。经特别会议讨论,通过了第二次亚非首脑会议改期于 1965 年 11 月 5 日举行、外长会议于 10 月 28 日召开的决议并向外发表了公报。这样,第二次亚非会议又被第二次延期了。

在此前后,印度尼西亚总统苏加诺和巴基斯坦总统阿尤布·汗也先后到达开罗。6 月 28 日,周恩来在开罗和印度尼西亚总统苏加诺、巴基斯坦总统阿尤布·汗、阿联总统纳赛尔举行会谈。在分析第二次亚非会议推迟的原因时,认为主要是已到阿尔及利亚的代表代表性不够,首先是撒哈拉以南非洲国家的比例太小,而 25 日爆炸事件是会议推迟的一个导因。

6 月 30 日,周恩来在开罗同苏加诺、纳赛尔和巴基斯坦外长布托(阿尤布总统已回国)会谈。纳赛尔表示,四国会谈象征四国友好,也意味着亚非团结;亚非会议面临很多困难,但一定要使会议成功。周恩来表示延期是正确的,要多向其他国家解释;指出延期主要原因是代表性不够,爆炸事件是导因;支持举行新兴力量会议,可与亚非会议平行,但不要妨碍亚非会议。苏加诺表示,四国会谈有很大成就,希望四国首脑在第二次亚非会议前夕再在开罗集合同往阿尔及尔,以示四国团结。布托介绍了各国在阿尔及尔协商推迟第二次亚非会议的经过,强调亚非团结的重要性。

下午,周恩来结束对阿联的访问,和陈毅等乘专机离开罗回国。在机场,周发表告别辞,表示:中国将继续为第二次亚非会议的成功做出最大努力。

在亚非会议被迫延后举行的这段时间中,亚非两大洲的各种矛盾继续发酵,且发生了不利于亚非会议的变化,包括:(1)不少亚非国家经济困难,希望得到美国援助,表示不愿公开反对美帝国主义。(2)阿联和阿尔及利亚这两个对华友好的国家改变了态度,都公开支持邀请苏联与会。(3)阿尔及利亚公开表示将邀请联合国秘书长和联大主席出席会议。(4)印度和巴基斯坦为克什米尔问题发生冲突,两国关系紧张。(5)虽经做工作,有些国家对布迈丁发动政变仍不肯原谅,对到阿尔及尔参加亚非会议持抵制态度。

形势的如此变化和各种矛盾的交织发展,迫使中国方面考虑在这种情况下亚非会议能否开好的问题。

9月8日,在书面答复正在中国访问的中东通讯社主编卡迈勒·阿密尔提出的问题时,周恩来总理说,亚非会议是亚洲国家和非洲国家的会议。苏联既不是亚洲国家,更不是非洲国家,因此没有资格参加亚非会议。第一次亚非会议,正是根据这个道理,没有邀请苏联参加。周还指出,最近数月,苏联广泛开展活动,要一些亚非国家重新提出邀请它参加亚非会议的问题,实际上是要在亚非国家中间重新挑起分歧,破坏亚非团结,使第二次亚非会议面临严重的危机,甚至有开不起来的危险。苏联不能参加亚非会议是一个原则问题,中国政府将为维护这个原则而斗争到底。

9月30日,周在人民大会堂接见印度尼西亚临时人民协商会议代表团,说:对亚非会议,我们现在的态度还是希望能够开成、开好。但是我们又要考虑到面临着的一些障碍,就是美苏合作,还加上利用联合国,从亚非国家之外和之内来进行破坏,把原来预定的反帝、反殖特别是强调反美的基调降低,不仅比万隆会议的调子低,而且比去年不结盟会议的调子还低,甚至违背今年6月底在开罗发表的四国公告的主张。如果会议开成这样,那当然是很不利于亚非反帝的共同事业的。中国最近把这样的情况向比较坚持反帝斗争的国家的朋友们提出了。但是,究竟是不是10月底亚非会议还要去开,是在亚非会议经过争论,造成一个不利的形势,或者甚至于开不成,还是因为上面所说的关系就主张延期? 我们还没有做最后决定。

也就是在这一天的晚上到 10 月 1 日凌晨,印度尼西亚国内突然发生了"9·30 事件",以苏哈托为首的印度尼西亚陆军集团以当天晚上印度尼西亚军队数名高级将领被杀为由,发起反击,矛头指向总统府卫队、总统苏加诺和印度尼西亚共产党。其结果,苏加诺总统的权力被架空,印度尼西亚共产党遭到灭顶之灾,印度尼西亚政局急转直下。这一事件的发生是如此突然,令人措手不及。作为中国重要伙伴的印度尼西亚及苏哈托总统已自顾不暇,第二次亚非会议又失去了一支重要力量,再次遭受打击。中国和印度尼西亚这一对举足轻重的关系也由此向下逆转,急剧滑落。

10 月 9 日,周恩来在中南海西花厅接见巴基斯坦商业部长法鲁克时谈及:附带说一说,亚非会议有很大可能开不成。印巴问题未解决。印度尼西亚最近不幸发生了国内问题,情况迄今尚未全面弄清。现在苏联又要钻进来,在亚非会议上开辟中苏论战的战场。非洲和阿拉伯国家都各有问题。时机还不成熟。因此可能要延期。请法鲁克先简单地转告阿尤布总统,以后再正式交换意见。

经过进一步研究和分析当时的亚非形势,中国终于形成了结论,认为在目前矛盾重重的情况下,亚非会议不可能开好,还可能导致分裂,不利于亚非团结。因此,做出了争取第二次亚非会议不定期延期举行的内部决定。这就是说,一直都是第二次亚非会议重要支持力量的中国的态度发生了重大的变化。

10 月 22 日,周恩来总理致函 38 个亚非国家及其政府首脑,阐明中国政府对于延期召开第二次亚非会议的立场。函中指出,当前形势不利于亚非会议的召开。现在开会,势必使亚非国家在外长筹备会议一开始,就陷于严重争论之中,这不仅无助于亚非人民团结反帝,反而要损害亚非团结,损害亚非国家之间的友好关系,导致亚非国家的分裂。从维护亚非团结的整体利益出发,中国主张第二次亚非会议延期召开。

月底,由阿尔及尔传出的决定宣布:第二次亚非会议不定期推迟。这样,经过两次延期后,第二次亚非会议最终被不定期地延期了。

几天后,在人民大会堂福建厅接见即将离任的叙利亚驻华大使拉斯兰时,周恩来说,经过很多国家会内和会外的努力,现在大概有了一致的认识:目前形势不利于召开亚非会议。现在延期,就维护了万隆精神,就可以继续高举万隆旗帜。如果勉强开会,必然导致分裂,万隆原则、协商一致的原则就要遭到破坏。这不是一件好事。

"四海翻腾云水怒,五洲震荡风雷激",这是毛泽东 1963 年的诗句,也是一个时代的写照。20 世纪 60 年代,世界各地风云激荡,各种力量迅速分化改组。围绕第二次亚非会议的种种及其最终的流产,是一个历史时代的反映。

(载《文汇学人》2016 年 3 月 11 日第 10—11 版)

台北访书拾遗

学者杨扬曾在"笔会"版上叙述台北访书的经验之谈，读来甘之如饴，不过难免也有遗漏。兹略记一二，算是拾遗。

台湾的书店名气最响的当然是诚品书店，规模大，连锁店也多，不过那是卖新书的处所。而学者往往会对二手书感兴趣，若非更感兴趣的话。其中最主要的原因以我的理解，或许是其中有一种发现的乐趣吧，不经意间遇到一本好书或有用之书，如他乡遇故知。这种乐趣，常是逛新书店所没有的。

台北的二手书店大都在台大和台师大周围，时间长了，便逐渐地形成了一定的规模效应，甚至是默契也说不定。这一带交通便利，有捷运公馆站和台电大楼站可达，邻近两所主要大学校园，加上罗斯福路的人气，于是渐渐地聚拢到一起。这一带最"牛"的要算雅舍二手书店，就在罗斯福路上，不像别的旧书店那么"曲径通幽"。老板姓张，店里有不少大陆出版的书，但对于我，重要的当然是台湾出版而在大陆不易见到的书。雅舍的书品种不少，但也比较杂，选择余地不是很大，但价格公道。我在那里买了一本《古代希腊城邦与民主政治》，顺便也跟老板聊聊天。张老板聊得高兴，见我对二手书感兴趣，当即手绘简图一份，告诉我附近还有哪些二手书店，于是这简图便成了我接下去访书的"指南"了。

胡思书店就在附近，地址曰"罗斯福路三段 308 之 1 号 2 楼"，找起来颇为费事。即便找到了 308 号，也是看不到这家书店的，必须绕到背后的小巷子里才行，上楼梯到 2 楼方是这家书店。如此"隐于市"，唯一的解释是为了租金便宜。这大约是二手书店的"常态"吧。因此之故，较好的办法是先上网查好相关的信息包括地图等，然后按图索骥去找寻，才能事半功倍。胡思书店人文社科类的书颇为不少，环境也可称清雅，是个好去处。

从雅舍书店往北步行几分钟可到"古今书廊"，门牌号为"罗斯福路三段 244 巷 17、23 号"，有两处房子，但中间隔了另一家店。两处相加，且都有楼上楼下，书的品种数颇为可观，不紧不慢地看，半天时间不为多。就我自己的"专业"类书而言，我在 17 号见到了过去不曾见过的一些书，包括丘宏达的《关于中国领土的国际法问题论集》和俞宽赐著《从国际法观点研究大陆礁层》，均系 1975 年由台湾商务印书馆出版，也都是很见水平的著作。顺便一提，台湾所说的"大陆礁层"即我们所说的"大陆架"。1958 年，联合国通过了《大陆架公约》，我们那时研究是不够的。这次见到的书中，最让我感动的是谢扶雅所著的《中国政治思想史纲》，先看目录，觉得不错，再细看，此版本系 1954 年由台北正中书局出版，但该书实际上脱稿于湖南蓝田的国立师范学院，时间为"民国三十一年春"，即 1942 年春。这也就是说，该书大致写成于抗战的烽火岁月中。那时日寇大举侵华，穷凶极恶，大片国土沦丧，多少中国人颠沛流离，各大学随着战事的发展而一再迁移。国立师范学院之迁到湖南蓝田，亦是如此。在那样的艰苦困顿下，还有中国学人执着于学问，并写成这样一部思想史纲，这是怎样的精神啊！中华民族正是延续了这样的精神，才可能千百年来生生不息，薪火相传……

近旁的 23 号是古今书廊的人文店，即人文类书的所在，也颇值得一看。譬如我见到有《现代化与本土化论集》一书，就是一本值得重视的著述。20 世纪 80 年代初，台湾学术界开始了一场"社会科学本土化"问题的讨论，召开了一次重要的学术讨论会，后来结集为《社会及行为科学研究的中国化》（杨国枢、文崇一主编），而《现代化与本土化论集》一书则是前书讨论的延续。若要很好了解这场学术运动，这论集恐怕是不可不看的。

再往北去就靠近台师大了。在捷运台电大楼站 5 号出口旁，有一家名为"书宝"的二手书店，有地面和地下两层，大都是比较"新"的二手书，仔细分辨，也能看到一些有价值的书，比如我就看到一位前央视著名主持人的自述，内中披露出不少有意思的情况。书宝二手书店的定价，也可称公道。如果时间已近傍晚，还可以信步到马路对面的师大夜市逛逛，如此，则精神和物质两方面的"食粮"，都可兼而得之了，岂不善哉。

寻找起来最"麻烦"的书店要数"旧香居"了。这家二手书店的门牌曰"龙泉街81号"，可是从罗斯福路三段由南而北向右拐过去，却只能看到"龙泉街93巷"，不见有该街的其他号牌，直给人前不着村后不着店之感，叫你一头雾水。无奈只好问近旁一家单位的门卫，得到的回答是"这条就是龙泉街"！原本就是一条小街，于是来回寻找，总算找到了，的确是有"81号"，但除这81号和93巷之外，看不到这条街还有别的前后号牌，直如横空出世一般。如此的街道号牌，不禁叫人啧啧称奇。旧香居也有不错的书，但书价颇贵，大约是我到过的台北二手书店中价位最高的。不过似乎也比较雅，曾经举办及合作参与过一些活动，包括"本事·青春：台湾旧书风景""五四文学人物展""旧书文化之夜"等。

这一带本来还有一家名为"总书记"（名字有点调侃意味）的旧书店，在台大斜对面罗斯福路一幢楼房的二楼，再往上一层有一家"博思维"，但这两家都已搬离或关门，不知所终了。至于茉莉书店，店里摆放的，全是CD、DVD一类的东西，看不到书了，让人感到索然无趣，进去后未几便退出了事。

概而言之，除了寻找最麻烦的旧香居，对我来说，台北的这些二手书店，最谈得来的是雅舍书店老板，最喜欢的还是"古今书廊"。这书廊,学术书籍多,摆放也不那么整齐划一。二手书店就是要有点"乱"的感觉,书多而有点乱,看着看着冷不丁地见到一本好书,如遇故人。若还能跟二手书店老板聊聊行情,聊得投机,那就更加有满足感了。这大约便是读书人一点小小的雅趣吧,记之与诸位读书界朋友分享。

(载《文汇报》2016 年 4 月 22 日第 12 版)

与美联航打交道的经历

日前发生美联航用暴力手段硬拽已登机的乘客下机，引发众怒，面临一场危机。冰冻三尺非一日之寒，美联航的危机，是一些年来恶劣服务登峰造极的反映。

美国的航空公司服务差劲是有名的，这些年来不断削减服务，而承受这种服务削减的是乘客。在美国东西海岸之间飞行需费时五个小时，却没有一点餐食供应。想要吃什么东西，必须自己掏钱买。

我是多年的美联航常旅客，有切身的感受。服务削减到什么程度呢？现在连会员卡都不寄了。服务态度也不好，使人完全没有什么"上帝"的感觉。

不久前的经历，又让人领教了一回，使我更加不平。

那次赴美，仍搭乘美联航，因在南卡罗来纳州安排了一点学术活动，需要由弗吉尼亚州的夏洛茨维尔经北卡罗来纳州的夏洛特飞往南卡的查尔斯顿。出发的那天早上下了雨，我没太在意，按原定计划到达机场，加入办票队伍。过了好一会儿，发现挪动速度极慢，有点不耐，待来到跟前，被告知原拟搭乘的航班取消,系天气原因,同时说建议我转往华盛顿的杜勒斯国际机场。那如何前往该机场呢?对方表示,他们不解决,得你自己解决。什么?我简直不相信自己的耳朵,这太没道理了,你改航班改机场,可却不解决这交通?我当即提出抗辩,称不能接受,见办票人员说不通,便提出要见他们的负责人。这时旁边的那位女士说她就是负责的,你还要见我的老板?对不起,今天是周日,没别的人。我问有没有巴士前往,办票的年轻男士答没有,称你得打的去。我的天!说得轻巧,打的去杜勒斯机场,得花多少钱?于是,我面临一个困难情形,那天我必须到达查尔斯顿,否则整个计划都要泡汤,因此必须走,离开这地方。于是,被迫同意改签杜勒斯机场航班,拿好登机牌后,扭头往机场外面走,见一辆巴士停在那儿,说是去杜勒斯机场,管不了那么多了,上去再说。经过一会儿等待,巴士出发,一路无话,但心神不定,根本没有心思欣赏车窗外的景色。

到达杜勒斯机场,直奔美国航空(US Airways,美联航的伙伴公司)办票柜台,时间离起飞已近,值班的女士敲了几下电脑键盘,告以"你的航班是从里根机场(运营国内航班)起飞的",我一听,脑袋"嗡"的一下,这该死的夏洛茨维尔美联航办票人员,居然告诉我是杜勒斯机场。这时已经不可能赶上航班了。既然这是个大机场,航班多,就在这里再改签航班吧,我想。再次改签倒没有遇到什么问题,只是整个旅行计划已经变得乱七八糟。本来并不长的路程,一大早出发前往机场,到达查尔斯顿却已是晚上了。

第二天在查尔斯顿学院讲课完毕，傍晚返程，再次遭遇航班取消。天气晴好，何故取消？得到的回答是因为"维护"，真是天晓得。对方接着说帮你改签达美航班吧。我没有办法，只能接受。于是，本来我由查尔斯顿到芝加哥可以直飞到达，这下要先到亚特兰大，再转机前往芝加哥，又是一番折腾。

直到整个旅程结束回到上海，我以电邮方式联系美国航空客服部门，反映我的遭遇。对方的回复避重就轻，避而不谈从夏洛茨维尔到杜勒斯不负责任的安排，只强调由于天气原因只能取消航班。我再回复过去，请其注意从夏洛茨维尔到杜勒斯机场的安排问题，对方回复：若改签到一个邻近机场，旅客同意，从原机场到新机场的任何开支就是旅客自己的责任（responsibility）。第三回，我指出该公司的办票人员指鹿为马，原本是从里根机场起飞的航班，却告诉我前往杜勒斯机场！这之后，再未收到回复。

这过程中还有一件咄咄怪事，当时明明将有一辆大巴由夏洛茨维尔机场前往杜勒斯机场，但美国航空人员却不知道，只是一味要旅客自己前往杜勒斯机场，这只能说明两家伙伴航空公司美联航和美国航空之间糟糕的联络沟通。我到现在都不知道自己搭乘的那辆大巴是怎么回事，估计是美联航的吧。如果没有这辆大巴呢？我岂不是更惨了吗？航空公司方面居然可以推得一干二净，这种傲慢与恶劣，也算是令人印象深刻。

航空公司与乘客之间，毕竟航空公司方面更为强势。

很多时候,作为个人的乘客,只能忍气吞声,自认倒霉。于是航空公司便更加我行我素,变本加厉。通过这次的美联航事件,不知情形是否能有所改观?

（载《文汇报》"笔会"2017 年 4 月 22 日第八版）

主流国际政治研究应注重国际法
——熊玠先生访谈录

　　近些年来,中国对外关系中遇到了一系列新情况和新现象,它们所涉及的问题是多方面的,其中的一个重要方面事关国际法,譬如海洋法,凡是海洋权益和领土争议都涉及复杂的国际法律问题。如何掌握和善用国际法,是一个既老又新的课题。从学术研究言,国际关系研究与国际法研究如何很好结合,相互支撑,共同发展,同样是一个重要的课题。

　　在现实的国际关系实践中,制度化和法律化在近几十年来得到了长足的发展,世界贸易组织(WTO)的实践就是很典型的一例。制订规则,按规则来"游戏",是愈来愈显著的一个趋势,有人称之为世界政治中的"法律化"现象。这些事实都凸显了一点,即国际法在今日国际事务中的重要性日益突出。

　　熊玠先生是一直强调国际法与国际关系的相互作用并且身体力行把二者结合起来研究的一位资深政治学者。熊先生出生于 1936 年,现任美国纽约大学(NYU)政治系教授、美亚研究学会会长。他早年赴美留学,在哥伦比亚大学获得博士学位,其后四十多年间一直任教于纽约大学。20世纪 80 年代,熊先生回国访学期间,曾受到邓小平、杨尚昆等我国家领导人的接见。熊先生著述颇丰,迄今用英文写作和出版的有《意识形态与实践》(1970 年)、《中国对外关系中的法律与政策》(1972 年)、《新世界政治中的亚洲太平洋》(1993 年)、《无政府状态与世界秩序:国际关系中政治与法律的相互作用》(1997 年,浙江人民出版社 2001 年中文版)等 21 部独著或合著,晚近的一部专著是 2012 年出版的《中国的第二次崛起》,副书名题为"神话、困惑、悖论及对理论的挑战",国内有出版社出版了该书的中文版。熊先生应国家汉办之邀回国讲学,在上海短暂逗留期间,我们对他进行了访谈。

一、国际法研究与国际政治研究及方法

任晓:在国际关系学(IR)中,国际法在冷战时期曾经受到忽视,显得无足轻重。到了 20 世纪 90 年代,国际法则重新开始被重视。国际关系和国际法二者相互结合的研究似乎是当前的一个趋势。而您一向就是强调国际政治研究和国际法二者要结合的,对于这个问题,您从总体上是如何看待的?

熊玠:我认为在冷战期间,国际法被歪曲了,例如里根时期,安哥拉的叛军被叫作自由斗士,这种思想导致了国际

法的歪曲。冷战终结之后，这种现象被扭转了过来。还有一点是，美国的霸权主义导致他们忽视国际法。在历史上，最早是葡萄牙、西班牙掌控海上霸权。16世纪，天主教教皇给葡萄牙、西班牙颁发委任状，两国可以瓜分世界海洋，后来荷兰人发展起来，格劳修斯作为国际法的始祖，强调了国际法的重要。后来又有英国的兴起。

在美国之前，没有一个国家像美国那样糟蹋国际法，也没有一个国家在作为霸主的时候像美国这样糟蹋国际法。甚至到了21世纪，美国的阿富汗战争、伊拉克战争，以及以反恐需要为由进行全球的网络窃听等，种种做法都是从前任何霸权国家所未见。冷战终结后美国的作风没有改，这是由于他们的祖先——在英国和欧洲待不下去的人，影响了他们现在的作为。有人认为我这是偏见，但我可以解释。社会学家的理论并不一定是被事实证明了的，其价值在于是否可解释某种现象。

任：能否根据实力和地位来解释，由于美国太强大，因而缺乏制衡的要素？

熊：不是。历史上荷兰人、西班牙人、葡萄牙人、英国人强大的时候都没有人制约他们，英国人鼎盛时期依靠坚船利炮，建立日不落帝国，等于是世界的银行，可是他们也没有怎么糟蹋国际法——虽然鸦片战争也是糟蹋国际法，但不像美国如此糟蹋。英国也有机会糟蹋别国，但适可而止，美国却到处欺负其他国家，从利比亚到埃及再到叙利亚，都在支持反叛组织。

任：现实主义者们可能会说，国际法在美国的霸权面前没什么作用？

熊：像戴维·莱克（David Lake）所讲过的，美国只是靠着军力领导世界，而不是靠着道德高地来领导世界。现在美国所做的都是摧毁道德高地，无论是违反国际法干涉他国内政，还是窃听他国，都是在违背道德。

任：回到国际关系的学术问题上来，20 世纪 90 年代以来国际法在国际关系的研究中越来越受重视，现在有一个趋势就是国际法研究和国际政治的研究结合越来越紧密，比如有一批美国学者在知名学术刊物《国际组织》（IO）上专门出了一期特辑"法律化与世界政治"，中国国内也有类似趋势。这是否是一个积极的趋势？

熊：这是因为这批学者希望美国能注重国际法，可是美国政府并没有这么想，学术界除了你说的那个特辑，大多数人还是不重视国际法。政府如此，学界也如此，只研究国际法的、希望帮助其他弱小民族多一些社会正义的学者在国际关系领域是出不了头的，实力派（realists）在国际关系领域还是主流。将美国今天领导世界和英国过去领导世界比较之后，尽管我讨厌英国，因为它在鸦片战争中曾欺负中国，可是公道地说，英国比美国人注重国际法多了。美国的注意力放在找别人毛病，说别的国家人权不好，可他自己人权记录也不好，他自己不讲——他为了夺得夏威夷而把夏威夷国王杀了，你指出来，他就说这是以前的事；杀了很多印第安人，他们也说是以前的事。以前不讲人权，现在就讲

291

人权了？美国从不反省自己。通过比较发现，美国不重视国际法，实力派处于主流地位。不过现在，有些零星的声音开始发出，但是从二战到现在超过 60 年都是实力派占据美国学界主流。

任：您在《无政府状态与世界秩序》一书中对新现实主义也是持批评态度的。

熊：说实话，我这本书就是想办法让他们不要以为我是反现实主义的，也不希望他们以我反现实主义来批评我。我是故意想让他们接受我，所以对他们非常迁就。我是为了让国际法研究和主流国际政治研究找到共同点，因此虽然我这本书的基调是觉得他们有问题，但我没有直接批评他们。

任：您任教的纽约大学，是特别注重理性选择和形式建模的地方。您如何看待这个趋势？

熊：美国学术圈也有时尚，就像女士穿衣服的时尚一样。我去美国后曾在哥伦比亚大学求学，正好是行为科学刚刚被引入政治学、国际关系的研究中，后来哈佛大学塔尔科特·帕森斯的结构功能主义开始流行，现在就是理性选择。我们系可能是全美最强调理性选择的系，几乎有 20 个教授在搞这个，按常理一两个就足够了，所以绝大部分博士培育出来只会教理性选择。我认为我们系为了领导政治学的研究在这点上走过头了。

任：我不认为这是一个很健康的情况，他们只知道一些公式，以为是普遍适用的，而不是从现实和具体实际出发来论证问题。我就非常赞赏您在这本书中，从各个案例中总结和归纳，看到了肯尼思·沃尔兹的新现实主义没有注意到的东西。

熊：我在这本书中也用了博弈论来解释国际法。我做学问是来者不拒，我可以根据博弈论来解释，但我不迷信博弈论，我认为我们不该迷信理性选择这一方法，我们要知道别的方法也可以研究问题，并不是所有问题都用一个方法。杀鸡用杀鸡刀，杀牛用杀牛刀，对待不同问题可以用不同方法，我不依赖单一的某个方法。

任：这种方法论的多元化应该是国际关系学界所提倡的路径。

熊：我还发觉，研究国际法可以提升思维的逻辑性，能帮助分析问题，你能看见别人看不到的东西。我指导学生，若是国际关系专业的，国际法、国际政治经济学、国际组织、国际政治都要过关，而不是只研究国际政治。

二、无政府状态与全球治理

任：我特别赞同您在书中讲的，无政府状态和秩序是一枚硬币的两面，无政府是国际法产生的前提，实际上无政府的另外一面是秩序，这种秩序一部分是由国际法而来的，另一部分来自其他规范、制度和国际组织，共同构成了秩序。是不是可以说，您是属于自由主义或者新自由主义一脉的？

熊：也许没有任何一个词或者框框可以形容我的研究方法。如果自由主义意味着开放，任何方法来者不拒，那么我可以被称为新自由主义者。实力派一般比较封闭，比较保守，他们反对开放，所以新自由主义者认为实力并不是一切，还应该有规则。如果这么说的话，我是属于新自由主义的。

任：从趋势上来看，有管辖权而无主权的机构组织越来越多了，比如 WTO、国际海洋组织、国际劳工组织等等，G20 也是一种多边的组织，这一现象在国际关系中有了越来越大的发展。

熊：实力派只注重有主权的国家，并不注重无主权的组织，比如 WTO 等。现在很多人批评实力派的一部分主张，将来这种批评会越来越多。假设我是一家私人公司，我来你们国家投资，一旦产生了纠纷，放在从前我得回到我自己的国家，由国家出面谈判。现在就不是这样了，私人公司可以直接同国家谈判，甚至可以状告政府。也有相关法律条约规定着私人投资与国家的关系。这种趋势越来越偏向于：没有主权的实体仍然有权利，且和主权实体在权利上是平行的。

实力派没有看到这一点，是他们落伍的地方，也是被诟病的地方。我在书里提到，国际法可以减低无政府状态，这是实力派无法接受的，他们认为国际法无法减低国际社会无政府的程度；而我论证了国际法可以发挥世界政府的某些功能，即出了问题如何去处理，国际法可以给你一个答案。这样，没有世界政府，但有某种世界秩序，就是无政府的治理。

任：我们可以由此推断，未来国际社会将向着全球治理的方向发展，这将是一个逐步前进的过程。

熊：1990年之后，国际关系的研究已经注意到了全球治理的问题。我曾预言，全球治理将赶上国际政治经济学——现在国际政治经济学是热门，而下一个热门就是全球治理。我是在1990年预言这个趋势的，这个趋势仍然存在，只是它没有如我1990年预测的那么快地到来。

任：在最近20年间，国际关系中比较突出的一个问题是保护的责任（the responsibility to protect，R2P）问题，你是如何看待的？

熊：在国际上中国应是赞成的，例如索马里20多年没有中央政府，军阀混战，百姓生灵涂炭，中国政府认为国际社会有责任保护这些失败国家的百姓，再比如布隆迪、卢旺达、刚果等国家也是这样。故原则上中国是接受R2P的，但中国反对以R2P干涉别国内政，反对任何国家干预他国内政，不过可能不包括失败国家。中国政府需要照顾这两个原则，调和这两个原则。但如何平衡就很麻烦。

任：在叙利亚问题上，中国否决了联合国决议草案，不使授权他国尤其是西方大国进行军事干预，这引起了国际上很多议论。但也许这是一个维护联合国宪章和国家主权的主张。

熊：美国所做的是鼓励叛乱组织，反对现政府，等于支持干涉内政。中国的立场是前后一致的。攻击中国很容易，说中国不顾人权。我觉得中国政府对外解释还不够，无法让别人更理解中国的想法。我们需要解释：为什么支持反对派是干涉内政，而在索马里问题上就不是干涉他国内政。因为叙利亚有中央政府，而索马里没有，两种情况不能混为一谈。

任：有一个例子，R2P的提倡者加雷思·埃文斯，在利比亚问题上，他对联合国安理会通过决议表示欢迎和鼓舞，但当英法后来借口安理会决议进行军事干预后，他觉得它们做过了头，那样不对。

熊：中国受骗了，选择了弃权，当时只是说在利比亚设立禁飞区，所以中国不反对。没想到英美利用这个决议案，采取军事行动干涉，促使卡扎菲倒台。如果知道英美会滥用决议案的话，中国应该否决，从事后看，我也觉得应该否决。禁飞区已经足够保护利比亚平民，但以设立禁飞区为借口促使卡扎菲倒台，就是干涉他国内政。因此在叙利亚问题上，中国更有理由否决任何利用联合国安理会干涉叙利亚的决议案。

三、国际法与海洋法

任：您多年从事国际法研究，有着精深的见解。能否给我们简单谈谈国际法及它作为国际社会中的法律的约束力如何？

熊：做学问要明白：你要知道很多很多，然后你才能知道一点点（you have to know a lot, only to know a little）。我们要谈的很多具体问题，都要先从国际法的概念开始谈。

什么是国际法？国际上，并没有一个世界政府，也没有一个立法局或立法会，所谓国际法包括很多东西。许多人只谈条约法，因为条约法看得见摸得着。而国际法更大的一部分是习惯法，是根据案例形成的，看不见摸不着。中国人写国际法的书，多半都谈条约，而不谈案例。但国际法在主要的条约以外，更大的一部分是习惯法。

相比国际社会，国内社会的历史要长得多。国际社会的历史从 17 世纪才开始，所以更多问题可能在国内都已发生，但在国际社会还没有发生。比如苏联从 1917 年开始，把外国在俄国的财产全都没收，这在 1917 年以前的国际社会中从来没发生过，因此国际法上没有规定，那就只能回到国内法的法理来找原则或灵感，即能不能从国内法中找到原则来处理国际问题。因此，国际法有三个主要部分。一是习惯法，一是条约法，一是法律的一般原则（general principles of law），主要还是国内法的法理，因为国际上发生的很多问题没有先例，只能从国内法找。还有一种可能是这三者都没有先例，那就要看国内法院判决的案例里有没有原则可寻，或学者专家的建议里有什么解决办法。比如南极问题，20 世纪 40、50 年代时，很多国家都说这地方是我的，甚至还有驻军，好几个国家都想来瓜分南极，若得不到解决，甚至可能会打起来。后来有学者建议，干脆大家都不主张南极是自己的，搁置争议，签订条约共同开发。后来就根据学者的建议，于 1959 年签订了这样一个条约。

任：在国际法的组成部分中，有什么原则或判决案例是同岛屿主权有关的？

熊：有一个经典案例，是"Island of Palmas Arbitration"，这个岛地处菲律宾群岛和印度尼西亚之间。菲律宾群岛以前是西班牙的殖民地，印度尼西亚在1948年以前是荷兰的殖民地。1898年美西战争中西班牙战败后，菲律宾成为美国的殖民地。美国人说Palmas岛是我的，可荷兰人说这个岛是荷兰东印度群岛的一部分。后来就送交仲裁，仲裁的决定后来成为经典案例。西班牙比荷兰早发现这个岛，可是西班牙人发现之后就走了，没有行使主权，没有行政权也就没有主权，而荷兰移民到这个岛上经营，断断续续一直保持到当时，即1928年。所以西班牙人对这个岛没有主权，是荷兰人行使了主权。美国人说我是从西班牙那里继承来的，仲裁则认为美国不能获得连西班牙人都没有的主权。

任：这一点和钓鱼岛也有关？

熊：是的。日本的说法是，"尖阁群岛"（钓鱼岛）是它在1895年《马关条约》以前发现的，这么讲就是不愿意说钓鱼岛是在《马关条约》签订时跟台湾一道割给日本的。于是，尽管台湾于1945年归还给了中国，但钓鱼岛由于并非因《马关条约》而割给日本，所以1945年并没有跟着台湾一道还给中国。

在这个问题上，最好不要用中国人的资料，而是用日本人的资料。日本京都大学已故教授井上清有一篇很重要的文章，认为中国是1542年发现钓鱼岛的。根据明朝陈侃

《使琉球录》，他到了钓鱼岛，对此有记载，这是在 1542 年，比 1895 年早 363 年。井上清说，连琉球人都认为钓鱼岛不是琉球岛的一部分。后来日本改口，说钓鱼岛是美国人归还的，那么问题就是，你日本人从来没有拥有过这个岛，怎么能说是美国人 1972 年还给你的呢？在这一点上，美国人自己就违反了国际法，在 1943 年的《开罗宣言》、1945 年的《波茨坦公告》，以及 1951 年的《旧金山和约》里都规定，日本在战后应把所有用武力抢来的土地或岛屿交出来（surrender），但没说交出来要还给什么人。这就是美国人搞的鬼。美国没有邀请中国参加《旧金山和约》，只是说交出来，而没有说交出来还给原主，所以美国人就可以把冲绳即琉球和钓鱼岛在 1972 年交给日本。美国送给日本就是违法的，美国参加了《开罗宣言》，按照国际法来讲，任何一个条约并不限于它的名词，你可以说它是宣言，可以说是换文，可以说是公告，但只要签的人有这个意图，认为对自身来讲是有约束力的，那么这个文件本身就是条约。从这个定义来讲，《开罗宣言》是一个条约，《波茨坦公告》也是一个条约，当然 1951 年的《旧金山和约》更是条约。按照这三个条约，美国都承认、宣告、认为，日本战后必须把它从别人手上夺来的土地和岛屿交出来。美国人在战后占有钓鱼岛和琉球的时候，自己都承认没有主权，只是将其作为暂时的基地。既然美国自己都讲没有主权，那么日本就无法从美国那里承继主权，因为这讲不通。就像 Palmas 岛的情况一样，美国不可能从西班牙人手上得到连西班牙都没有的主权,同样地,日本不可能从美国人手上得到连美国自己都没有的主权。

日本知道这样说不行了,又改口说,有个日本人对"尖阁群岛"主岛拥有所有权,然后日本政府再把旁边两个小岛也买过来。日本人一再改口。而从国际法的眼光看,日本在钓鱼岛建灯塔等设施,近半个世纪以来可以说是行使了行政权(jurisdiction),而中国没有。很不幸地,中国人一度不懂得国际法,也不尊重国际法。如果你不讲任何根据,只是说自古以来就是中国的,那么日本人也可以这么讲。

任:美国和海洋法的关系一直很复杂,关于是否应该批准《联合国海洋法公约》,美国国内有争论。奥巴马政府的官员主张美国应该加入联合国海洋法公约,但在国会没有通过。另外据我所知,美国著名的国际法学家安妮-玛丽·斯劳特认为美国应该加入国际刑事法庭规约。美国在海洋法公约和国际刑事法庭规约的批准问题上都有支持者和反对者,您对此如何看?

熊:我认为要把这两者分开来看。美国在1982年没有参加海洋法公约,表面上是不赞成用立法支持"社会主义",因为海洋法公约要在联合国属下设立一个机构,管理海底资源的开采,开采的收入属于联合国,全世界都能享受——美国认为这是社会主义。为了安抚美国,特地加了一条,即美国的公司可以向联合国专门机构申请开采执照。里根仍然以"社会主义"为理由反对加入海洋法公约,而实际原因是,美国想在理事会中谋求一个永久席位,而理事会是没有永久席位的，是根据选举轮流拥有席位。一直到 1994 年，其他国家让步了，让美国拥有了永久席位。虽然美国国会没有批准海洋法公约，但美国政府行政当局愿意受公约的约束，等于批准了议案。而国际刑事法院规约不一样，如果美国加入了这个规约，那么小布什将第一个被起诉，因为是他下令入侵了阿富汗和伊拉克，所以他是罪犯。美国不批准是因为这个原因。小布什还有行政命令，说其他国家都不能抓美国士兵，这也是在国际刑事法院规约里不被允许的。因此以上两件事要分开来看待。

任：关于南海问题，纷争很多，牵涉到我们的断续线。菲律宾向国际海洋法法庭起诉我们，这个问题有什么应对的办法？

熊：南海和东海情况不同，中国在东海问题上运用海洋法公约能够站得住脚，而在南海问题上地位较弱。南海自古以来都是中国的说法已经过时了，现在的国际法不承认历史海域，中国这个说法很难得到国际社会的支持，所以菲律宾、越南等国立场强硬。现在的办法只能是"搁置争议、共同开采"，但不能加上"主权在我"的帽子，因为主权在我，就与搁置主权争议自相矛盾。"主权在我"这句话不必讲，而搁置争议就应该像南极一样。南极在 20 世纪 50 年代时，有七个国家都宣称拥有南极，英国甚至驻兵在那里，后来召开国际会议，1959 年签署条约，搁置争议。这意思是，我搁置争议，但不代表我放弃主权，日后如果后悔还可以回去，同时并不亏待你的主张，双方共同搁置主权问题。

可以仿效 1982 年海洋法公约的规定，组织一个理事会，所有和南海有关系的东南亚国家都是理事会的自然成员，底下设立类似开采工程局，可以开采南海资源，收入属于所有成员，成员向机构申请执照，限定开采范围和开采量，这样就会皆大欢喜。有具体的东西拿出来要比空洞的共同开采主张好得多。另外，公家的开采工程局，按照贡献的大小来分成，多出多拿，这样大家都会觉得公正。

任：总的来讲，您认为在外交上如何运用好国际法这一武器？

熊：要对国际法有更好的了解和掌握。一个是对国际法要有全面的了解，另一个是对国际法要有历史的了解。比如历史海域从前被国际法接受，现在就不被接受了。日本比我们懂国际法，所以比我们占便宜。它在钓鱼岛的种种行为制造了钓鱼岛属于日本的假象，符合了发现岛礁并且行使主权这一条，近半个世纪以来一直如此，使得本来是中国的领土后来似乎成为日本的了。和日本打交道吃亏，一个原因就是我们掌握国际法不够。

我跟很多人讨论过，包括从联合国退休下来的，他们说国际法是为国际政治服务的，国际法是美国人控制的，去国际法院告一定输。我的反驳是，连美国自己都输，1995 年，弹丸小国中美洲的尼加拉瓜告美国侵略，国际法院判美国输，判美国侵略了尼加拉瓜。连美国被人告都被判输，你还怕美国控制国际法院吗？国际法院的 15 个法官为什么要戴帽子穿法袍，意思就是我不是我了，我是法官。如果对法律和法庭尊重不够,就会导致我们对国际法院也尊重不够。

中国人总有一个理由,说从前西洋人欺负我们的时候,老是拿国际法来压我们,可是殊不知,如果你真的研究案例,会发现欧洲小国家特别注重研究国际法,就是因为国际法保护小国家的利益。你没有力量和大国斗,可以用国际法。再小的国家,在国际法上和大国都具有一样的权利,所以国际法是保护小国、保护弱国的。我们错误地认为国际法总是保护西方,这是让中国吃亏的,是不对的。

(载《文汇报》"文汇学人"2013 年 9 月 2 日)

全球化的力量会改变世界体系的
结构本质

——巴里·吉尔斯访谈录

巴里·吉尔斯(Barry Gills），出生于 1956 年，英国人，早年就读于美国南佛罗里达大学和夏威夷大学，获学士和硕士学位，1995 年在伦敦经济政治学院获博士学位，长期任教于英国纽卡斯尔大学，先后任讲师、高级讲师、教授，并曾任夏威夷大学全球化研究中心主任、客座研究教授。2013 年 8 月转往芬兰赫尔辛基大学任社会科学学部教授。

近十多年来，吉尔斯活跃于全球政治和全球化研究领域。2001 年，他有两项重要举措，一是创办了国际性学术期刊《全球化》(*Globalizations*)，并出任主编；二是创立了"重思全球化"丛书，任主编，二者均由国际著名出版机构劳特利奇出版公司(Routledge)出版。前者所指向的全球化专门以复数形式出现，意在表示全球化是复杂的多重进程，独具深意。"重思全球化"丛书则已出版达 50 种之多。

吉尔斯迄今已出版著述多种，代表性作品之一为他与安德烈·冈德·弗兰克（Andre Gunder Frank）共同主编、1993 年出版的《世界体系：500 年还是 5000 年？》（中文版由社会科学文献出版社于 2004 年出版），500 年指的是近现代世界体系史，伊曼纽尔·沃勒斯坦所进行的研究即以此为其着眼的时间段，而弗兰克和吉尔斯则认为不应限于资本主义的世界体系，因而瞩目于时间上更长、地域上更为广阔的"世界历史体系"。弗兰克去世后，吉尔斯与另一位学者共同主编了《安德烈·冈德·弗兰克与全球发展》（2011 年）纪念文集。

在研究取向上，吉尔斯大体属于国际政治经济学（IPE）的路径。但他重视长时段的历史分析，则是 IPE 中不多见的。1989 年，吉尔斯在国际研究学会（ISA）的 IPE 分会下发起成立了"世界历史体系理论"小组分会。在这些成员学者看来，世界体系呈现为多中心的发展，这是一种正常的格局。基督教的一元线性人类史观曾经在多年间占据统治地位。这一情形在 18 世纪开始发生转变，维科（Vico）、赫尔德（Herder）等人开始讲述不同的、各自有其语言和兴衰周期的文明和文化，但其局限在于均着眼于古代地中海和中世纪及近代欧洲范围。只是到 20 世纪，世界其他地区才受到认真的关注，斯宾格勒、汤因比等人的视野已大为放宽。"世界体系"或"世界历史体系"概念的提出，则更进了一步，以跨学科、整体论的方法确定了其价值。它以宏大视野和长时段叙事为特征，跳出和摆脱了欧洲中心观念，并产生了丰富的学术成果。在这一学术脉络下，弗兰克和吉尔斯等学者的研究工作大放光彩。

近些年,吉尔斯还联络一些学人创立了"全球南方研究网络",参与者有来自各新兴市场国家的学者,每年至少举行一次会议。不久前,吉尔斯教授兴致勃勃地赶来出席在上海举行的第三次会议,期间接受了访谈。

任晓:您曾经提到,我们正在见证一场世界性的系统性危机。能否请您为我们详细解释一下这个观点,关于这场危机的本质及其背景?

吉尔斯:我试图追溯这场危机的起源,追溯其更长期的、结构性的原因,而不是更立竿见影的那些直接原因。回溯到20世纪70年代,世界经济在经历一系列衰退和石油危机后做出了新的结构调整。1997—1998年亚洲金融危机后人们也做了许多调整,甚至也有了一些解决办法,但与此同时也会产生新的动向,在未来它们会导致新的问题。

现在,在2008年那场金融危机过去了六年之后,似乎有了一种人人都接受的解释,以至于我们都觉得不需要花太多时间去搞明白到底是怎么回事了。但危机起因和全球化这一概念分不开,也即国家经济构架在一定意义上是被消解甚至被抛弃了,经济的真实本质正在变得越来越趋向于跨国的资本流动和贸易流动。讽刺的是,在危机发生几年后,其背后的逻辑——"有效市场假设"——的提出者获颁了今年的诺贝尔经济学奖。

问题是,现在有一种占优势的看法是,危机的真实风险已经被从系统中清除了，系统性的风险再也不是一个真正的经济问题或实践问题。而且人们都相信，其背后的经济理论是正确的，它被接受了，被内化成为大多数国家政府的经济政策制定者的实践。他们认为系统已经达到了平衡稳定，可以自我管制，没可能再发生异常大规模系统性危机了。

然而我们知道，所有这些表述都是不正确的。真正的事实是，他们相信这些，是犯了一系列极端性的错误。我过去一直说，系统是会变得让自身不稳定的。但自上一次大萧条之后，也就是最近十几年来，人们为了稳定全球资本主义体系所开展的系统性拆解方式，现在被那些去管制化、自管制化，甚至根本上说是不受管制的全球移动的金融资本给替代了。在这一方面来说，国家是失败的——未能进行适当管制，未能采取更为正确的经济理论和时间理论，而是接受了一种错误的经济学的意识形态，纵容了所有这些错误趋势的发展，导致了一场系统性的危机。实际上，当种种坏现象达到顶峰时，全球资本的金融化会不可避免地导致蔓延更快、更严重的全球经济衰退。

自从雷曼兄弟破产之后，五年来有很多人都在分析这场危机，我也是其中之一。从表象上来看，是银行业触发了这场危机，因为没有人好好监管他们——但这只是表面的症状，不是引发整个结构性危机的原因。而我试图用更长时段的视角来观察，我认为这场危机之所以会发生是由于世界范围内资本主义历史发展的内在本质。还有许多其他学者的研究将危机发生的原因追溯到数个世纪以前，而只是现在被发现了。

任："重思全球化"丛书中新出的一本书是《新自由主义全球化时代的发展》。您认为我们现在仍然处在新自由主义的全球化进程中吗？还是自从这场金融危机以来，发生了一些变化？

吉：首先我想说的是，新自由主义这个词太泛化了，甚至有些误导，因为它可能让人联想到某种形式的新自由主义，因而把这个词简单化了，或变得富有意识形态意味了，却不是作为一个分析性的术语。实际上，有许多不同的新自由主义，就像有许多不同的国家经济战略一样。而且，新自由主义也是不断变化的，在不同国家和领域有不同的形式。

我认为，新自由主义的经济全球化进程并没有结束。实际上，其中的某些进程甚至还在不断深化中，像在某些领域我们看到了进一步的私有化、市场化、去管制化，为农业贸易或出口贸易而进行的土地转移和收并，以及各种区域贸易协定和双边自由贸易协定等进程，都在持续进行甚至加速中。如现在英国首相卡梅伦就提出要在美国和欧洲间商签跨大西洋自由贸易协定，认为这样就能救欧洲，救英国。这种想法就和期望"自由化"能把我们拉出经济停滞的泥潭是一个意思。

让我们回望过去的 25 年，这一我们认为酝酿了最近这场危机的时段。可以说，是西方释放了全球化的整个范式。

许多西方企业希望能够逃避本国的劳动法规、限制法规，逃避高工资和高赋税，而寻求更高的利润，在他们把自己变得更加全球化的同时，创造了一个压倒性的模式，这成了世界其他地方的通用模式。

这种模式长期以来重塑着世界经济。现在，这一长期的后果就是他们不能再用同样的方式、在他们自己的国土和税率空间里集中财富了。过去，新的竞争者、新兴国家、新的中心在集聚资本和使得资本流动进出方面都是"小玩家"，但现在他们都是一样平等的。一旦释放全球化的力量，就再也没有人能控制了。这就改变了世界体系的结构本质。

任：从更长时段来看，这次危机只是资本主义体系长期以来自我调整中的一次危机。那么，这次危机或重新调整是如何和500年以来的世界体系相关联的？也即，如何从更长时段的世界体系的角度来看待这场危机？

吉：我确实用更长时段的世界体系为框架来分析现在的状况。例如，我们使用了"全球中心转移"（global center shift）的概念。世界体系的中心转移意味着，在任何一个时间点，整个世界体系都在进行着会导致结构变化的积累。在某个节点，也就是资本更加集中的那些地方，结构是永远不稳定的。也即，在世界体系中，结构永远都在变化。

你看了这个概念可能会说，确实多个世纪以来，欧洲都雄心勃勃地建立新的世界秩序，通过武力，而不是自由市场竞争，来让所有世界其他地区都臣服于它的等级秩序之下。

欧洲改变着世界经济体系和国际分工等整个结构，想把一个多极、多中心、多文明的世界变成只拥有单极、单一中心，而欧洲就在这个世界的中心。财富的集聚将欧洲推向金字塔的顶端，于是我们有了一个持续很久的欧洲文明霸权时期，包括旁系的北美、澳洲、新西兰、南非这些国家也在欧洲文明之列。

但是，当你开始衡量这些集聚的中心是如何改变其面貌、构架和等级秩序的时候，中心的转移就发生了。正在进行中的全球中心转移，是向着世界的"南方"进行，如中国。按照沃勒斯坦的框架，首先就是通过生产体系形成了竞争优势来集聚资本，此后，将生产体系打造成贸易体系，再然后，把贸易体系打造成金融体系，最后，就是将之打造成为一个权力体系。霸权就是所有这些因素都同时达到顶峰的时刻。而不久以后，霸权很可能开始缓慢消解。——但是我运用他的解释是为了去理解对于新兴市场国家如金砖国家崛起的主流解释，而这些解释并不是十分准确的。我只是想要说明，某个理论框架所解释的范式，是一直在世界经济的历史中发生着、进行着的。

然后，就和霸权转移有关了，这是我要讲的第二点。霸权是一个等级制度，也是资本的积累，而其产生出来的阶级有助于资本的积累。但它永远都是一个尖顶式结构。按照以上的假说来看，如果整个生产体系、商贸体系、金融体系都在重组，与之相关的资本积累、生产富余的积累、黄金价格和房地产价格都在相应调整，那么，中心的转移已经可以衡量,霸权正在消解。中心转移和霸权转移两者间是相互关联的。

第三点,从更长时段来看,是文明的危机。文明的危机,指的是人们在价值观、文化、观念和信仰领域发生了深刻的变化。此前我谈论的是都是物质主义的传统,部分是历史唯物主义的传统,部分是国际关系的传统,现在这一点,则是历史性的、文化性的、观念性的。尽管不够精确,但我还要使用这个概念,因为这和体系的"内爆"(implosion)有关,也就是旧的中心在衰落,周边的边缘地区开始变得活跃。世界体系的内爆就意味着,过去边缘地区始终积蓄着力量,足以在文明层面上重建世界秩序。那么,按照这个假说,我们现在是否看到了这一现象呢?这和我们现在说的"南方国家"的崛起有关吗?我们是否正在21世纪重复着过去的范式呢?

任:我想顺便问一下,你用的"世界霸权"这个词,是贬义的还是中性的呢?

吉:这是一个很好的问题,我们是分析性地在使用"世界霸权"这个词。霸权确实暗含着权力和财富的不平等分配,这和整个世界的财富集聚的等级秩序有关。权力和财富在所有时代都纠缠在一起。我们必须理解,所谓霸权并不是单单指国家之间的权力关系。霸权国家对权力的运用,更准确地是用来保障他们始终处在财富体系的最上层。因此我们可以看到,他们给战后世界制定规则——从国际关系的规则到贸易和投资的规则,就是为了在各个层面上保障他们的权力和财富。

任：能否为我们解释一下，您和您的合作者安德烈·冈德·弗兰克的观点，与伊曼纽尔·沃勒斯坦的世界体系观点有什么不同？

吉：这涉及如何来理解历史上资本在经济和社会中的作用，这也和马克思主义传统以及历史唯物主义传统对资本的理解有关。沃勒斯坦是在他 1974 年的著作《现代世界体系》第一卷中提出"世界体系"（world-system）这个概念的，当时，把分析尺度扩大到 500 年是一个创举。这本书的观点是，资本主义是在 500 年前发生的，而之前的年代，世界上所有地方都是"前资本主义"的。这仍然是非常传统的马克思主义和历史唯物主义的观点，即便看上去好像做了重大突破。

而我和弗兰克并不打算讨论资本主义的原型。我们的观点是，从历史证据，而不是理论来看——我们咨询了很多史前史学家、古代史学家以及相关领域各种学科的专业人士——我们的解读是，资本在很早以前就已经出现，而我们想要理解资本的作用，想要理解资本主义生产方式和社会关系，以及资本积累在世界范围和欧亚范围的作用。

我们从来不说世界历史是资本"主义"的历史，也从来不说古代世界就有古代的资本"主义"，但是我们会说古代世界有资本主义的实践。实际上，世界贸易也有其历史，建立在商品生产、销售、定价市场等等之上，它是不是也指向资本的积累呢？这一实践是否也是持续地、横跨欧亚的体系呢？所以，那时候，我们就使用了"世界体系"（world system）这一概念，不用连接符，以区别于沃勒斯坦的概念。

对于沃勒斯坦来说，资本主义世界体系只存在了500年，也就是从16世纪的欧洲开始，是从封建主义到资本主义的整个转向。对于我们来说，沃勒斯坦还是坚持旧有的观点，即认为欧洲创造了资本主义，并通过创造资本主义，进而创造了世界体系。我们不这么认为。

我们所读到的证据并不支持这一结论。我们看到，有一个在此之前就存在的世界体系，人们很早之前就开始通过商品的世界贸易来获取利润。而只要有商业和贸易的地方，就有生产。尽管和现代的生产方式不同，但很多生产者都在进行生产，西方的"资本"在各个不同的地方和时代，实际上已经和生产绑定在一起，把碎片化的世界贸易连接起来，从远东到西方。

欧洲相对于世界体系其他部分的中心来说，并没有什么特别的优势。实际上我们发现，古代文献里的记载表明，欧洲从远东进口了大量奢侈品，但他们无法出口相当的产品给远东，无法满足支付的要求。而这一现象在激进的全球扩张中颠倒了过来，从15世纪末、16世纪初的殖民征服开始。这花了几个世纪。1750年后，我们才可以开始说出现了一场重大的变革，一个中心的转移，使得欧洲成为全球的霸权。因此，我从根本上是不同意沃勒斯坦的观点的，这和你如何去理解资本在世界历史上的作用有关。很多人还是用非常现代的欧洲主导的思维来看过去的历史，认为就是"前资本主义"的。但我们认为，应该用一种不同的观点来观察所有的事物，不是欧洲中心主义的，而是全球化的、没有所谓中心的视角。这样的研究才能矫正欧洲中心主义的思维所导致的扭曲认识。

任：长时段的历史分析确实非常重要，可以帮助我们避免欧洲中心主义的思维模式。

吉：如果要对人们解释得更清楚、更显豁一点的话，可以说，世界曾是"前欧洲中心主义的"。前欧洲中心主义的世界秩序是多中心的，实际上那时非西方的，特别是亚洲文化、文明和国家一直非常繁荣和平等，比现在更"中心"、更重要，比西方也更发达。之后，才是欧洲中心主义的时代，有了欧洲中心主义的知识建构，以及普世主义。现在的问题是，理论上、实际上，我们真的处在一个后欧洲中心的世界里吗？未来一定会是后欧洲中心主义的吗？从这个意义上来说，我们必须矫正、重构我们的知识体系。

任：您自己对这个问题的回答是什么？

吉：我认为我们正处在转型期，是西方正在衰落的时期。中心转移和霸权转移都正在进行中。美国霸权和西方世界的霸权在经济上和政治上都在逐渐衰落。

但是，西方会想方设法地阻止自己的衰落，阻止进入一个后欧洲中心主义的秩序。如果无法和那个新的秩序抗衡，他们会制定规则让别人来遵从，甚至会使用武力。这一时期会十分复杂，也十分危险，可能伴随着社会动荡、革命、起义、战争。当然，我们人人都不想再有战争了。但我确实认为我们正处在这一转型的阶段,看到西方世界的衰落和非西方世界的重新缓慢崛起。

任:您认为1450—1750年,世界体系是以白银为通货的,当时亚洲是世界经济的中心。

吉:是,我和弗兰克也在那篇文章里说到,当时的世界体系是在亚洲霸权之下的。我们通过实证研究了当时的商品和贸易结构,以及黄金和白银的流动,发现金条的最终目的地也就是贮存地并不是欧洲,而是进入了亚洲市场。印度人爱黄金也大量储藏黄金。欧洲人发的这笔意外之财并不是通过商业贸易,而是通过在美洲的采掘,正是这一过程拓展了世界体系。中国人偏好白银,并且以白银为货币,因此是白银(包括美洲白银)的最大贮存地。我们描绘出商品贸易和黄金白银的流动,来看当时真正的中心在哪里。从实证研究来看,不能说欧洲就是当时世界体系的顶峰,更不能说当时欧洲霸权主导世界了。这种讲法是证据不足的,也是太夸张了。

任:为什么沃勒斯坦要在"世界体系"(world-system)一词中加一个连接符?

吉:我从来没想过这个问题,他为什么要用个连接符。沃勒斯坦对"世界"这个词是有他自己的理解的。对他来说,"世界经济"是一个核心概念,而"世界"并不是整个地球,而是一种封闭的网络结构,通常有其空间限制,更像是一个地理学上说的区域。正是这个"世界"创造了一个一体化的"世界经济",一旦创造了"世界经济",就会把世界其他地方纳入其中，这也是他使用"纳入"（incorporation）这一概念的原因，而我们不是这样做的。

沃勒斯坦深受布罗代尔的影响，但是在多大程度上他的这些概念是来自布罗代尔对资本主义的分析，我就不知道了。我们也引用了布罗代尔，他提到了一个横跨欧洲的高度资本主义化的体系，尤其集中在 13 世纪意大利城市的贸易和金融架构中。他看到，在荷兰和比利时这些国家的城市里、在纺织业里出现的资本主义，其根源是在 13 世纪的意大利城市里。沃勒斯坦大约是在布罗代尔的基础上构建他的理论，但他用连接符是不是也是因为受到布罗代尔影响呢？我还是倾向于认为，他用一个连接符是因为他可能感觉"世界"和"经济"是一体的，并且把"世界"扩展成了"体系"。

任：如果人们说你是一个新马克思主义者，你会认同吗？

吉：不认同，我想我的分析既不是马克思主义的，也不是非马克思主义的，那些只是我的分析。我受到历史唯物主义和马克思主义传统的训练，但并不是说这样就限制了我的分析模式。我认为还是应该自由地、独立地进行分析，使用你自己的概念和证据。

25 年来许多学者和许多学科之间的相互沟通和回应，有一项非常重要的成就，就是出现了世界史这一领域。现在不是分门别类地讲各种文明史了，而是一个统一的世界史，或者说全球史。从相互交往和持续接触开始，现在，这种力量已经持续地塑造了世界，这种变化是如此深刻而复杂，需要一整代学者来研究其真正的含义。我们只是其中的一员，理解危机也只是其中一部分，是这个全新的全球史领域的一部分。

不过，这个全球史必须是一种后欧洲中心主义的知识构建。要写一部共同的所谓"后国家"的历史，并不是说，国家不存在了，国家是历史性的，国家认同、国家经济等等都是历史性的，而世界始终在不断变化，我们使用"全球化"这一概念，正是为了确切地描述这一变化。

我和威廉·汤普森（William R. Thompson）一起编辑了《全球化和全球史》，试图发掘全球化的历史面。全球化并不是一个需要被接受的理论，而是一种组织性的概念，其他理论正是围绕它来展开探讨的。不断加深的全球化正在演变成各种不同的世界历史进程，而我们须实证地、不带偏见地研究这些进程。

（《文汇报》"文汇学人"2013 年 12 月 23 日）